U0102194

国家社科基金("一带一路"战略研究专项)

项目名称:《"一带一路"框架下六大经济走廊建设研究》;批准号:17VDL014)

CIEE 中国国际经济交流中心 | 智库丛书
China Center for International Economic Exchanges

中国 CHINA 方案 智慧

CHINESE SOLUTIONS CHINESE WISDOM
THINK TANK SERIES

共建"一带一路"经济走廊研究

陈文玲　张茉楠　等　著

中国经济出版社
CHINA ECONOMIC PUBLISHING HOUSE

·北京·

图书在版编目（CIP）数据

共建"一带一路"经济走廊研究／陈文玲等著 . --
北京：中国经济出版社，2023.1
ISBN 978 - 7 - 5136 - 7249 - 8

Ⅰ.①共… Ⅱ.①陈… Ⅲ.①"一带一路" - 区域经
济合作 - 研究 Ⅳ.①F125

中国国家版本馆 CIP 数据核字（2023）第 034856 号

责任编辑　贺　静
责任印制　马小宾
封面设计　赵　飞

出版发行　中国经济出版社
印 刷 者　北京艾普海德印刷有限公司
经 销 者　各地新华书店
开　　本　710mm×1000mm　1/16
印　　张　12
字　　数　161 千字
版　　次　2023 年 1 月第 1 版
印　　次　2023 年 1 月第 1 次
定　　价　88.00 元

广告经营许可证　京西工商广字第 8179 号

中国经济出版社 网址 www.economyph.com 社址 北京市东城区安定门外大街 58 号 邮编 100011
本版图书如存在印装质量问题，请与本社销售中心联系调换（联系电话：010 - 57512564）

项目组成员

项目组组长：

陈文玲　中国国际经济交流中心执行局副主任、总经济师

项目组副组长：

张茉楠　中国国际经济交流中心美欧研究部副部长、研究员

项目组成员：

徐占忱　中国国际经济交流中心世界经济研究部部长、研究员

李　　峰　中国国际经济交流中心创新研究部部长、研究员

宁留甫　中国国际经济交流中心美欧研究部助理研究员

任海平　中国国际经济交流中心世界经济研究部副部长、
　　　　副研究员

梅冠群　中国国际经济交流中心创新研究部研究员

颜少君　中国国际经济交流中心世界经济研究部研究员

序
PREFACE

　　"万物得其本者生，百事得其道者成。""一带一路"根植于古丝绸之路的历史土壤，融入滚滚向前的时代潮流。2013年9月和10月，中国国家主席习近平在哈萨克斯坦和印度尼西亚提出了建设"丝绸之路经济带"和"21世纪海上丝绸之路"的重大倡议。这一重大倡议得到了全球2/3的国家和几十个国际组织响应，成为当今世界深受欢迎的国际公共产品，以及构建人类命运共同体的重要实践平台，为新型全球化发展积聚了新的力量和新的发展动能，能够推进更大范围、更宽领域、更深层次的跨区域经济合作进程。

　　共建"一带一路"源于中国，属于世界。共建"一带一路"顺应经济全球化潮流。九年前，以开放、包容、可持续为底色的"一带一路"应运而生。近十年来，共建"一带一路"以和平合作、开放包容、互学互鉴、互利共赢的丝路精神为指引，以"共商共建共享"为基本原则，以政策沟通、设施联通、贸易畅通、资金融通、民心相通为重点，以共建"一带一路"经济走廊建设为引领，秉持开放、绿色、廉洁理念，扎实推进共建"一带一路"高标准可持续惠民生的目标，推动各参与方实现政治互信、经济融合、文化包容，成为世界上跨度最长、最具发展潜力的合作区域。

　　"一带一路"顺应经济全球化的历史发展大势，共建"一带一路"伙伴关系持续拓展，已由亚欧大陆延伸至非洲、拉美、南太平洋等区域，"一带一路"国际合作进一步展现出强大韧性。当前，尽管逆全球化、保护主义叠加世纪疫情依旧深刻影响着世界，但共建"一带一路"不仅没有按下"暂停键"，反而逆势前行。截至2023年2月，我国已与

151 个国家、32 个国际组织签署了 200 余份共建"一带一路"合作文件。一切愿意参与新型全球化的国家,均可借此机会展开合作,更有助于实现全球性的各取所长、优势互补、共促发展。

与内向型、封闭式的跨区域合作不同,共建"一带一路"所倡导的是外向型、开放式的国际合作。"一带一路"作为最受欢迎的国际公共产品和最大规模的国际合作平台,正显示出强大的生命力和发展潜力。目前,中国已是 120 多个国家的最大贸易伙伴和最大出口市场,中国在促进"一带一路"、提升全球贸易地位方面发挥了关键作用。在与共建国家不断深化的合作中,中国在世界经济中的地位持续上升,同世界经济的联系也越来越紧密,为其他国家提供的市场机会越来越多,成为越来越开放的国际商品和要素资源集散的巨大引力场。

亚当·斯密(1776)在《国富论》一书中指出,良好的道路、航线等可以缩小国家内部以及国与国之间的发展差异,互联互通可以促进地区经济发展。全球战略家、美国国家情报委员会顾问、新加坡国立大学李光耀公共政策学院高级研究员帕拉格·康纳在其所著的《超级版图:全球供应链、超级城市与新商业文明的崛起》一书中指出:"互联互通是当今时代的元模式。现在我们还仅仅处于地球工程再造的初期,世界需要更多的设施来服务于飞速增长的人口、商品、货物、数据和资金流动。"城市、经济走廊、产业园区、道路、交通设施、通信设施、电力水利等基础设施建设,是发展中国家和贫困国家发展的首要需求和基础需求,对人们的生活和企业的发展会产生变革性影响。在发达或者更为成熟的经济体中,为完善和满足需求而建设和更新基础设施,也是维持经济增长不可或缺的组成部分。

经济走廊是共建"一带一路"的战略支柱,是互联互通的重要依托,也是区域经济合作网络的重要框架。经济走廊通过互通互联发挥经济集聚与辐射带动作用,连接带动不同等级规模的通道、节点、城市实现经济社会发展,从而汇聚商流、物流、资金流、技术流、人员流,形成一条点状密集、以点带面辐射、线状延伸的生产和流通一体化的走廊状经济区域，为经济增长提供强劲动力和广阔空间。

2015 年 3 月公布的《推动共建丝绸之路经济带和 21 世纪海上丝绸之路的愿景与行动》，在"框架思路"中明确提出，根据"一带一路"走向，陆上依托国际大通道，以沿线中心城市为支撑，以重点经贸产业园区为合作平台，共同打造新亚欧大陆桥、中蒙俄、中国—中亚—西亚、中国—中南半岛等国际经济合作走廊（简称"六廊"）。有了"一带一路"国际经济合作走廊，就有了铁路和公路建设，就有了发展的可能。如中老经济走廊以及中老铁路的建设使老挝从"陆锁国"变成"陆联国"，实现了修建贯通南北的铁路网络、打造中南半岛的陆上交通枢纽的梦想。原来地缘政治视野中所谓的边缘地带，如今正在成为连接东西的枢纽中心、互联互通的要冲。

回顾八年多的发展历程，六大经济走廊建设各有侧重、各有亮点，一批重大标志性项目建设取得重大进展，以中欧班列、陆海新通道等大通道和信息高速路为骨架，以铁路、管网等为依托的互联互通网络，正在成为提升共建国家地缘优势、促进经济合作与发展的重要平台。其中，中巴经济走廊成为"一带一路"建设的旗舰项目，很多早期项目已经竣工完成，能源合作成效明显；中蒙俄经济走廊顶层设计出台早，政治互信度较高，侧重于口岸建设与能源合作；中国—中亚—西亚经济走廊以能源合作为依托，产业园区合作是新亮点；新亚欧大陆经济带侧重点是陆上铁路货运，主打的中欧班列成为"一带一路"建设的重要品牌；孟中印缅经济走廊虽然推进速度缓慢，但"人字形"中缅经济走廊进展良好，呈后来者居上的发展态势；中国—中南半岛经济走廊在跨境经济合作区建设方面取得积极进展。八年多来，在共建国家的共同努力下，六廊六路多国多港的互联互通架构已基本形成。新亚欧大陆桥、中蒙俄、中国—中亚—西亚、中国—中南半岛、中巴和孟中印缅等六大经济走廊将亚欧经济圈紧密联系在一起，为建立和加强各国互联互通伙伴关系、共建"一带一路"、构建高效畅通的亚欧大市场发挥了重要作用。

六大经济走廊是共建"一带一路"的重要基石。六大经济走廊建设涉及贸易、金融、投资、能源、产业、交通和基础设施等多个领域。"一带一路"经济走廊的产业聚集效应和空间溢出效应将为中国与沿线国家参与和构建区域或全球价值链带来新的机遇。"一带一路"合作框架下的六大经济走廊建设正在引发新的贸易增长模式的调整,如贸易与直接投资和产业转移的融合与互动,从产业间贸易向产业内贸易的转变,贸易结构与贸易条件的重新调整,以及进出口结构、投资结构的竞争关系变化等。

从全球贸易链、产业链、价值链、供应链角度看,六大经济走廊将会创造巨大的增长效应。"一带一路"六大经济走廊将充分激发中国以及西亚、中亚、东南亚、中东欧等不同区域的体量优势、资源禀赋优势、区位优势、产业优势和协同优势,通过贸易创造效应、投资促进效应、产业聚集效应和空间溢出效应,将对共建国家区域生产网络的完善与重构、价值链的延伸、贸易和生产要素的优化配置起到积极的促进作用。

世界百年未有之大变局正在全面深化延展,共建六大经济走廊既面临历史性发展机遇,也面临长期结构性问题,以及大国博弈、世纪疫情以及地缘政治冲突等巨变带来的新挑战。六大经济走廊部分地区政治社会缺乏稳定性,经济沿线地区存在较为严重的信任赤字,政策协调难度大,硬联通软联通仍存诸多障碍等,高质量共建经济走廊依然任重而道远。因此,面对来自大国地缘博弈的围堵压力,中国须保持战略定力,继续坚守"一带一路"促进共同发展、合作发展、共赢发展的初心,针对世界政治经济格局等复杂形势演变,进一步完善并深化对"一带一路"六大经济走廊建设的战略框架与合作机制,将六大经济走廊真正打造成为"一带一路"的战略大通道。

中国国际经济交流中心课题组一直深耕"一带一路"战略与政策研究,2013 年以来,在中心理事长曾培炎先生的亲自设计构想,王春正、张晓强、魏建国等中心领导的悉心指导下,中心执行局副主任、总经济师陈文玲教授带领课题组对"一带一路"及其相关理论战略问题进行了多年的持续探索，先后完成了《"一带一路"战略构想研究》《"一带一路"系列研究丛书（上中下册）》《"一带一路"：倡议与构想——"一带一路"重大倡议总体构想研究》《"一带一路"：愿景与行动——"一带一路"视角下的重点布局》《"一带一路"：合作与互鉴——"一带一路"视角下的地缘关系》《"一带一路"理论框架与实践研究》等系列专著与研究成果，其中一批成果已转化为国家重大战略决策和政策，并多次斩获部委一、二、三等奖。

此外，中国国际经济交流中心、对外经贸大学等国家高端智库、知名大学和全球领先数据公司 Refinitiv（前汤森路透金融与风险业务部）等权威机构进行战略合作，研究并提出了数字化、指数化和体系化的《"一带一路"贸易投资指数》报告。该指数连续多次在"一带一路"国际合作高峰论坛上发布，成为全面动态反映"一带一路"建设成果的"晴雨表"和科学研判"一带一路"贸易投资发展动向的"风向标"。

本书为国家社科基金"一带一路"战略研究专项的最终成果①。本书作为六大经济走廊的研究专著，为全面科学研判六大经济走廊合作发展动向，打造六大经济走廊战略通道、战略支点，探索构建六大经济走廊国际合作及其政策框架提供了新的视角。作为一个开放性的研究命题，本书仍是持续性研究成果，如有疏漏与不当之处敬请谅解，同时也要对给予课题指导的专家表示谢意，感谢各位的鼎力支持！

陈文玲

2022 年 12 月

---

① 项目名称："'一带一路'框架下六大经济走廊建设研究"（批准号：17VDL014）。陈文玲任课题组组长，张茉楠任课题组副组长。课题组成员：张茉楠、徐占忱、宁留甫、李峰、梅冠群、颜少君、任海平。

目 录
CONTENTS

推动"一带一路"六大经济走廊建设

自 2013 年"一带一路"倡议正式提出以来，中国与共建"一带一路"国家及地区不断深化多层次、多领域合作。作为"一带一路"建设的先导方向，中蒙俄、中国—中亚—西亚、中国—中南半岛、新亚欧大陆桥、中巴、孟中印缅六大经济走廊已成为连接共建"一带一路"国家及地区，打造互联互通、互利共赢的跨区域合作新平台。

一、六大经济走廊助力"一带一路"建设：结构与特征

（一）"一带一路"建设总体进展

当今世界正经历百年未有之大变局，国际经济政治格局正发生深刻变革。在这样的背景下，"一带一路"倡议以"共商、共建、共享"为原则，以构建人类命运共同体为核心理念，以"五通"为重点内容，赋予了经济全球化新的内涵。截至 2022 年 9 月，我国已与 149 个国家、32 个国际组织签署了 200 多份共建"一带一路"合作文件。近年来，共建"一带一路"区域内联系不断加强，推动贸易投资规模持续扩大、结构不断优化，释放了各方发展潜力。六大经济走廊作为共建"一带一路"的重点，对于促进"一带一路"跨区域合作发挥了关键节点与枢纽作用，为开放型世界经济注入了持久增长的内生动力。

对外贸易方面，中国与"一带一路"贸易合作潜力正在持续释放。中国海关总署数据显示，2013—2021 年，中国与"一带一路"沿线国家货物贸易超过 11 万亿美元，年贸易额从 1 万亿美元增长到 1.8 万亿

美元,沿线国家在中国对外贸易中的比重提高了约 5 个百分点,中国已成为 25 个"一带一路"沿线国家最大的贸易伙伴。服务贸易方面,2020 年,中国与"一带一路"沿线国家完成服务进出口额 844.7 亿美元,其中服务出口 377.3 亿美元,服务进口 467.4 亿美元。

贸易合作网络体系更趋完善。六大经济走廊助推"一带一路"贸易发展,境外经贸合作区成为国际产业合作的重要平台。截至 2022 年年底,我国企业在沿线国家和地区建设的合作区已累计投资 3979 亿元,为当地创造了 42.1 万个就业岗位。其中中国—白俄罗斯工业园、柬埔寨西哈努克港经济特区、泰国泰中罗勇工业园、越南龙江工业园、中阿(联酋)产能合作园区、中埃苏伊士经贸合作区、中匈宝思德经贸合作区等建设成效显著,遍布六大经济走廊。国务院正式批准设立的跨境经济合作区有 3 个,即中哈霍尔果斯国际边境合作中心、中老磨憨—磨丁经济合作区、中蒙二连浩特—扎门乌德经济合作区。依托 17 个边境经济合作区和 7 个沿边重点开发开放试验区,边疆省区和边境城市积极推进跨境经济合作区建设,有中缅瑞丽—木姐、中越红河—老街 2 个跨境经济合作区,中越凭祥—同登、东兴—芒街、龙邦—茶岭 3 个跨境经济合作区,以及中蒙俄满洲里跨境经济合作区,中俄绥芬河—波格拉尼奇内跨境经济合作区等。

贸易投资自由化便利化水平不断提升。目前,中国与 13 个沿线国家和地区签署了 7 个自由贸易协定,与 14 个国家成立了贸易畅通工作组,与 12 个国家建立了投资合作工作组,与 14 个国家建立了服务贸易合作机制。同时,还与五大洲 22 个国家签署了电子商务合作备忘录并建立了双边电子商务合作机制,共同开展政策沟通、规划对接、产业促进、地方合作、能力建设等多层次多领域的合作。此外,中国还与 14 个国家签署了第三方市场的合作文件,其中六大经济走廊建设在推动"一带一路"贸易合作深度发展方面发挥了积极的引领作用。

对外投资方面,2013—2020 年,中国对"一带一路"沿线国家累计直接投资流量为 1 398.5 亿美元,年均增长 8.6%,比同期中国对外直接投资年均增长率高出 3.4 个百分点。2021 年,中国对"一带一路"沿线国家非金融类直接投资 203 亿美元,同比增长 14.1%。对沿线国家非金融类直接投资占中国整体对外直接投资的比重从 2013 年的 12.5% 上升至 2021 年的 17.9%。2021 年,沿线国家企业对中国直接投资首次超百亿美元,达 112.5 亿美元。

对外工程承包方面,2013—2020 年,中国在"一带一路"沿线国家承包工程新签合同额由 715.7 亿美元增至 1 414.6 亿美元,年均增长 10.2%;完成营业额由 654.0 亿美元增至 911.2 亿美元,年均增长 4.9%(见图 0-1)。"一带一路"沿线国家业务中海外业务占比超过一半。突如其来的新冠疫情让全球经济陷入衰退,国际承包工程市场面临巨大压力。根据商务部发布的相关数据,2020 年,我国对外承包工程业务完成营业额 1 559.4 亿美元,同比下降 9.8%,新签合同额 2 555.4 亿美元,同比下降 1.8%,但占比有所上升。2020 年,中国企业在"一带一路"沿线 61 个国家对外承包工程新签合同额 1 414.6 亿美元,完成营业额 911.2 亿美元,分别占同期总额的 55.4% 和 58.4%。特别是随着"一带一路"国际合作持续稳步推进,"中国企业在海外的资产规

图 0-1 2013—2020 年"一带一路"沿线对外承包工程业务

资料来源:Wind 数据库。

模越来越大,全球资源配置能力也越来越强,成为全球基础设施建设的生力军"。2020 年度美国《工程新闻纪录》(ENR)"全球最大 250 家国际承包商"榜单中,共有 74 家中国承包商上榜,业务占比达 25.4%,居各国之首。

金融与投融资合作方面,中国与 21 个"一带一路"沿线国家签署了本币互换协议,与 8 个沿线国家建立了人民币清算机制,并与 35 个沿线国家金融监管当局签署了合作文件,金融服务沿线国家企业能力持续提升。人民币国际支付、投资、交易、储备功能稳步提高。截至 2020 年年底,人民币跨境支付系统业务范围已覆盖 98 个国家和地区,吸引 1 046 家金融机构参与。

绿色金融代表着未来金融发展的方向。"一带一路"倡议是可持续发展的倡议,共建"一带一路"与联合国 2030 年可持续发展议程在目标、原则、实施路径上高度契合。《2015 世界可持续发展年度报告》中数据显示,"一带一路"原沿线国家约占世界总土地面积的 40%,二氧化碳排放量则占全球的 55%,同时,"一带一路"的一些项目对环境影响较为突出。2018 年 11 月,中国绿色金融委员会与伦敦金融城牵头多家机构发布《"一带一路"绿色投资原则》,提出将可持续性纳入公司治理,充分了解环境、社会和治理(ESG)风险,充分披露环境信息,加强与利益相关方沟通,充分运用绿色金融工具,采用绿色供应链管理,通过多方合作进行能力建设七大原则。截至 2020 年 1 月,签署《"一带一路"绿色投资原则》的机构已增至 33 家,影响力及市场参与度不断扩大。其中包括 14 家中国机构和 19 家来自德国、英国以及中东北非地区和亚洲其他国家的海外金融机构。2019 年 4 月 25 日,《"一带一路"绿色投资原则》被列入第二届"一带一路"国际合作高峰论坛成果清单,标志着绿色投资在"一带一路"框架下逐渐得到共识,并成为"一带一路"绿色金融发展的"风向标"。根据金融数据机构路孚特(Refinitiv)相关数据,2013—2020 年,"一带一路"项目总价值达到 1.71 万亿美元,项目数量为 1 353 个,其中清洁能源和可再生能源项目总价值达到 1 049.5 亿美元,项目数量达到 102 个。绿色金融是推动"一带一路"绿色转型和高质量发展的重要抓手。绿色金融、绿色债券、绿色信贷、绿色基金等金融工具产品与金融体系发展空间巨大。当前,中国已成为全球第二大绿色债券发行市场。中国工商银行于 2019 年 4 月发行了全球首只绿色"一带一路"银行间常态化合作债券,涵盖人民币、美元、欧元三种币种,发行主体为工行新加坡分行,由"一带一路"沿线十余个国家和地区的 22 家机构承销。

基础设施建设方面,经济走廊建设至今,各项交通基础设施逐渐完善。中蒙俄经济走廊提出后,我国与东北亚地区交通呈多样化发展,跨境铁路、公路、航空运输不断完善,管道线路工程也不断推进。新亚欧大陆桥经济走廊建设的主要成果是中欧班列,可以连接国内大多数省份。在中国—中亚—西亚经济走廊中,中亚班列建设成效显著,我国与哈萨克斯坦、阿拉伯联合酋长国等国开通了直线航班,中吉乌公路也正式运行,管道、电力等基础设施建设不断推进。中巴经济走廊在公路、跨境电缆、产业园区上与新疆建设相联结,并逐渐向产业合作方面深化。孟中印缅经济走廊中各国的交通建设进程不同,其中缅甸与云南在跨境铁路、油气管道等方面的合作取得明显进展。在中国—中南半岛经济走廊中,陆海新通道在国内已经扩展至多个省份,并开始与各地区加强合作。中国与老挝于 2017 年 11 月签署合作文件,将共同建设一条北起云南省,最后抵达老挝南部的经济走廊,这条经济走廊可以通过云南省联通中国西南地区和长江经济带上游地区,又可以通过老挝联通中南半岛各国。

数字转型与数字经济发展方面,近年来,数字化、信息化技术与基础设施建设加速融合,在各方共同的参与下,宽带网络基础设施、移动互联网及物联网建设不断提速,"一带一路"沿线国家和地区信息高速公路建设进一步延伸,信息基础设施互联互通水平得到有效提升。数字产业园区在促进数字丝绸之路方面取得积极进展。例如,中国和东盟合力推进数字园区建设,相继建成区块链、人工智能、大数据等前沿技术数字园区。积极搭建"数字丝路"多元化合作机制。近年来,中国在数字发展问题上秉持开放和共享原则,致力于帮助"一带一路"国家和欧亚地区实现数字转型。中国—东盟共建数字丝绸之路已成为"一带一路"建设的重点区域。此外,中国与中东国家及其地区发展数字经济具有广阔的合作空间。随着"一带一路"倡议在中东地区加速推进,中国与中东各国共建数字"一带一路"的合作层次和领域不断丰富和扩大,成效日益显著,双方在数字基础设施、电子商务、移动支付、技术创新等领域的合作取得了积极进展。全球新冠疫情下推动"数字丝路"深度赋能。全球新冠疫情大流行激发了5G、人工智能、"智慧城市"等新技术、新业态、新平台的兴起,网上购物、在线教育、远程医疗等"非接触经济"逆势发展。面对新冠疫情的冲击,各方积极推动共享疫情数字化防控政策、措施、实践、解决方案,依托无接触交易、区块链技术、数字海关、数字口岸等的深度赋能,在推动全球经济复苏,维护产业链供应链稳定,实现跨境电商产业链、供应链的变革升级方面,发挥了不可替代的作用。

绿色与可持续发展方面,绿色发展是"一带一路"的底色,是应对全球气候变化这一人类重大共同挑战和联合国2030新千年计划框架下的重要议程。"一带一路"沿线国家和地区正共同经历史上最大规模的绿色低碳转型,发展绿色丝绸之路和共建能源丝绸之路成为沿线国家和地区的共同需求。《"一带一路"国家基础设施发展指数报告(2021)》显示,2020年以来,以"碳中和"为核心的绿色发展目标在全球范围得到积极响应。截至2021年4月,全球已有130个国家和地区、占2/3的"一带一路"沿线国家和地区提出了"碳中和"目标。2013年,中国发布《对外投资合作环境保护指南》,要求本国企业按照东道国环境保护法律法规和标准开展污染防治工作,污染物排放应当符合东道国污染物排放标准规定,并减少对当地生物多样性的不利影响。2015 年,中国发布《推动共建丝绸之路经济带和 21 世纪海上丝绸之路的愿景与行动》,提出共建"一带一路"将"强化基础设施绿色低碳化建设和运营管理,在建设中充分考虑气候变化影响,严格保护生物多样性和生态环境"。2017 年,中国发布《关于推进绿色"一带一路"建设的指导意见》和《"一带一路"生态环保合作规划》,明确中国参与绿色"一带一路"建设的总体思路和任务措施,提出"推动企业遵守所在国生态环境法律法规、政策和标准"。2021 年 6 月,在"一带一路"亚太区域国际合作高级别会议期间,相关方共同发起"一带一路"绿色发展伙伴关系倡议。《"一带一路"建设海上合作设想》被列入首届"一带一路"国际合作高峰论坛清单,为沿线海洋生态保护、实现海上互利互通、促进海洋经济发展和海洋治理提供了方案。

自"一带一路"倡议提出以来,中国就把本国和沿线国家的气候治理目标联结在一起。在《巴黎协定》的框架下推动绿色"一带一路"建设,按照全球气候治理的目标和要求参与"一带一路"建设,把绿色"一带一路"打造成为落实全球气候治理目标的重要平台。将全球气候治理纳入绿色"一带一路"建设的目标当中,把全球气候治理目标和行动纳入"一带一路"建设组织领导机构的职责范围,缩小全球排放差距,增强适应能力,推动低碳发展,加强绿色能源、绿色基建、绿色产能等领域的合作,使"绿色丝绸之路"成为全球低碳转型和疫后绿色复苏的重要引擎。

2017 年 11 月,中国国家能源集团龙源南非公司开发的德阿风电项目投产发电,每年可为当地供应稳定的清洁电力约 7.6 亿千瓦时,相当于节约标准煤 21.58 万吨,减排二氧化碳 61.99 万吨,不仅有助于改变当地的能源结构,而且符合南非降低对火电依赖、开发清洁能源的国家规划。2012 年,中美共同发布《中美应对气候危机联合声明》,双方在强化各自行动、相互合作的同时,在《联合国气候变化框架公约》和

《巴黎协定》等多边进程中开展合作,并与其他国家一道解决气候危机。中国已提前完成 2020 年前气候行动承诺。中国是全球煤电装机容量第一大国,煤电装机容量和发电量均占全球总量的一半以上,中国也是境外最大的燃煤电厂融资方之一,但中国践行绿色发展理念,海外煤电投资在过去几年持续下降,可再生能源投资则不断增加。2020 年,包括太阳能、风能和水电在内的中国海外可再生能源投资,占海外能源总投资的比例已达 57%,远超煤电投资。2021 年 9 月 21 日,中国国家主席习近平在北京以视频方式出席第七十六届联合国大会一般性辩论时表示:"中国将力争 2030 年前实现"碳达峰"、2060 年前实现"碳中和",这需要付出艰苦努力,但我们会全力以赴。中国将大力支持发展中国家能源绿色低碳发展,不再新建境外煤电项目。"

(二)"一带一路"沿线国家和地区经贸关系与特征研究

本书基于全球贸易分析(Global Trade Analysis Project,GTAP)模型①以及 UN Comtrade 数据库测算结果,发现"一带一路"贸易投资结构性特征如下。

1. "一带一路"沿线国家和地区全球贸易参与程度稳步提升

1988—2017 年,"一带一路"沿线国家和地区的全球贸易参与程度,从 20.9% 稳步提升至 55.2%,且 2008 年以后,连续 10 年稳定占据全球贸易的 50% 以上(尽管自 2015 年起,受全球经济下行的影响,贸易占比有小幅下降)。中国与"一带一路"沿线国家的贸易合作潜力正在持续释放。中国与"一带一路"沿线国家贸易畅通不断深化。2013—2020 年,中国与"一带一路"沿线国家货物贸易额累计达 9.2 万亿美元。2020 年,中国与"一带一路"沿线国家货物贸易额为 1.4

---

① GTAP 是指由美国普渡大学开发的多国多部门可计算一般均衡模型。作为全球主流的贸易政策分析工具,GTAP 被世界银行、世界贸易组织、国际货币基金组织等国际经济组织和各国贸易部门广泛采用。

万亿美元，比 2019 年同期增长 0.7%，"一带一路"沿线国家和地区贸易规模占中国整体对外贸易规模的比重达到 29.1%。

2. "一带一路"区域内贸易联系不断加强

"一带一路"沿线国家和地区内部贸易联系越发紧密。从进口、出口两个角度来看，"一带一路"沿线国家和地区对外贸易额中的内部贸易占比均呈明显上升之势，1988 年至今，近 1/4 的贸易流实现"由外转内"。完整考察"一带一路"沿线国家和地区进口来源构成后发现，在内部贸易占比提升的背后，除欧盟所占份额长期维持在 25% 左右以外，源自北美自由贸易区、世界其他地区的进口份额均明显下降。随着"一带一路"的纵深发展，内部贸易已成为"一带一路"沿线国家和地区进口来源的最大构成部分。从出口目的地来看，也可得到类似的结论。"一带一路"沿线国家和地区出口总额中的内部贸易占比稳步提升，现已超过欧盟、北美自由贸易区及世界其他地区，成为最重要的出口目的地。近年来，"一带一路"区域内贸易关联不断增强，"一带一路"贸易中心化程度有所提高，这也意味着区块化格局的形成。与欧盟、北美自由贸易区相比，"一带一路"沿线国家和地区内部贸易在全球总贸易中的占比提升明显，2019 年已达到 15.4%，其体量相当于欧盟内部贸易的 65%。"一带一路"沿线国家和地区已超过北美自由贸易区，成为仅次于欧盟的全球第二大经济区块。

3. 中间品贸易成为"一带一路"贸易的主要形式

基于 UN Comtrade 测算结果显示，中间品贸易正成为"一带一路"贸易的主要形式，其增速呈下降趋势，资本品贸易增速加快。2017 年，"一带一路"区域内中间品和资本品贸易分别占区域内贸易的 61.0% 和 30.2%。从商品贸易结构来看，机械设备及能源大宗商品成为"一带一路"区域内主要贸易品。原油及矿物燃料等大宗商品和电器及电子产品（电机电气设备，录音机及放声机、电视图像、声音的录制和重放设备及其零附件）是"一带一路"沿线区域内贸易最大的两大领域。

基于 UN Comtrade 测算结果显示，2017 年其在区域整体货物进口中的占比分别为 22.5% 和 20.3%。电器及电子产品为"一带一路"沿线国家和地区自中国进口最多的产品，占比达到其货物总进口量的 33.0%；其次为机械设备，占比为 19.7%。若以中国为贸易主体，机械设备仍为中国与"一带一路"沿线国家和地区贸易量最大的产品，2017 年中国对其的出口占比为 21.7%，对其的进口占比为 30.7%；其次为原油及矿物燃料等大宗商品，对其的进口占比为 25.5%（见图 0 - 2）。

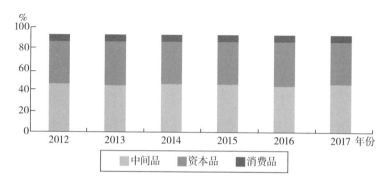

图 0 - 2　"一带一路"沿线国家和地区 BEC 分类产品贸易结构
资料来源：UN Comtrade。

资本品贸易占比的上升在很大程度上源自"一带一路"沿线国家和地区的基建项目需求。中国与东盟签署的《中国—东盟交通合作战略规划》激发了东南亚地区电力、通信等基础设施和资本品贸易的增长。此外，一些国家吸引外资政策也加快了部分技术含量相对较低的中间品、资本品产业的转移，促进了该国的中间品、资本品贸易迅速发展。从全球发展趋势来看，过去几十年来全球需求版图曾经严重倾向于发达经济体，如今随着新兴市场的扩大以及生产网络的演变，价值链正在重新配置。麦肯锡估计，到 2025 年，新兴市场将消耗全球近 2/3 的制成品（中间制成品、资本品），其中包括汽车、建筑产品和机械等产品。

4. "一带一路"沿线主要国家贸易增加值不断增长

"一带一路"沿线主要国家贸易增加值增速均呈下降趋势，但由于规模差异较大，不同区域增长趋势各异。基于贸易增加值模型测算显示，2000—2014 年，全球贸易增加值增速呈下降趋势，尤其在 2005—2010 年，年均增速由 9.5% 快速降至 6.6%，此后缓慢降至 2014 年的 4.0%。从不同区域来看，中东欧、南亚和独联体的贸易增加值增速高于全球平均水平，且为"一带一路"沿线增长最快的区域。除中欧国家外，南亚印度、独联体、印度尼西亚的贸易增加值增长同样令人惊喜。与其他区域相比，西亚各经济体的贸易增加值规模及增速相对较低。中国贸易增加值在"一带一路"沿线国家中一直保持领先地位，规模超过美国、日本等发达经济体，且与全球的发展趋势保持一致。

5. "一带一路"沿线国家和地区在全球投资中的地位日益凸显

总体来看，2015 年以来，"一带一路"沿线国家和地区在全球外资流入、流出总额中的占比虽有短期波动，但整体均呈上升趋势，且其中对外投资增速远高于其他区域。2017 年，"一带一路"沿线国家和地区对外直接投资和吸引外资的总额分别达到 1 554 亿美元和 3 237 亿美元，分别同比增长 27.3% 和 2.1%，已成为全球最重要的外资流入地，其 31.6% 的占比，远超过北美自由贸易区的 23.0%，以及欧盟的 21.2%。从对外投资角度来看，2017 年，"一带一路"沿线国家和地区全球占比仍小幅落后于欧盟及北美自由贸易区，但上升趋势明显，"一带一路"沿线国家和地区在全球对外投资中的占比已从 1990 年的 1% 大幅升至 19.4%。其对外投资主体主要集中在东南亚、独联体和中亚及西亚地区，其对外投资占"一带一路"总投资的 80% 以上。从吸引外资的角度来看，东南亚成为外资流入的主要地区，外资流入占"一带一路"外资总流入的 40% 以上，南亚和独联体及中亚其次，占比超过 10%。

6. 无论是流入还是流出,中国均是"一带一路"FDI 流量第一大国

中国于 2015 年实现对外直接投资净流出,连续两年成为"一带一路"沿线国家和地区中最大的外资净流出国。《2019 年对外直接投资统计公报》中数据显示,2014—2019 年,中国对东南亚投资从 2014 年的 476.32 亿美元增长至 2019 年的 1098.91 亿美元,占比从 2014 年的 51.52% 上升至 2019 年的 61.23%,上升了 9.71 个百分点(见表 0 - 1)。新加坡、老挝、越南、印度尼西亚、巴基斯坦、马来西亚、俄罗斯等国成为投资主要目的地。对外投资结构持续多元化,主要流向租赁和商务服务业、制造业、批发和零售业、采矿业等领域。就 FDI 流量而言,中国在流入、流出两个方面,均在"一带一路"沿线国家中排名第一位,新加坡、俄罗斯在 FDI 流入、流出方面均排名第二位。

表 0 - 1　2014—2019 年中国对"一带一路"沿线国家直接投资存量及其所占比重

年份	东北亚		中亚		西亚		南亚		东南亚	
	存量/亿美元	占比/%	存量/亿美元	占比/%	存量/亿美元	占比/%	存量/亿美元	占比/%	存量/亿美元	占比/%
2014	124.57	13.47	100.94	10.92	112.57	12.17	83.27	9.01	476.32	51.52
2015	177.80	15.37	80.90	7.00	143.25	12.38	94.82	8.20	627.16	54.22
2016	168.18	13.00	91.44	7.07	190.81	14.74	95.44	7.38	715.54	55.29
2017	174.94	11.33	117.66	7.62	204.29	13.23	122.19	7.91	890.14	57.65
2018	175.73	10.17	146.81	8.50	224.34	12.98	111.07	6.43	1 028.58	59.53
2019	162.35	9.05	142.23	7.93	232.83	12.97	112.48	6.27	1 098.91	61.23

资料来源:根据《2019 年对外直接投资统计公报》整理计算。

(三)"一带一路"区域价值链日趋成形

目前,中国为"一带一路"区域内大多数国家最大的贸易伙伴国,以及最大出口产品市场和对外直接投资来源国,基于各国比较优势,将中国优势产能和优质资源与欧洲发达国家关键技术,以及"一带一路"其他国家的发展需求结合起来,通过相互扩大开放和资源整合利用,有

助于形成"一带一路"统一的要素市场、服务市场、资本市场、技术市场等，构建新型产业分工体系，依托经贸合作区、跨境产业集聚区、自由贸易区等，加快推动中国产业转移、国际产能合作，有利于推动中国产能和产业链向海外延伸，充分利用国际市场和国际资源，在全球范围内高效配置和利用资源。

1. "一带一路"新型价值链体系主要特征

中国"嵌套型"角色在全球经济大循环中发挥着重要作用。当前，中国已成为全球主要经济体价值循环的联通枢纽，全球 1/3～2/3 的国家和地区通过最终消费品和中间品贸易与我国紧密地联系在一起，形成双向"嵌套型"全球价值链分工新体系。我国在全球产业链中的前向和后向参与度均较高，我国由原来的利用全球价值链生产最终产品，转变为利用全球价值链生产中间产品，并联结发达国家和其他发展中国家，形成新的"制造三角"，逐步提高中国高端制造业在全球价值体系中的地位。

由中国科学院数学与系统科学研究院、海关总署、国家统计局、国家外汇管理局、中国科学院大学管理学院等单位的相关成员组成的全球价值链研究课题组的研究成果显示，2000—2014 年，世界范围内需求变化引致的全球产业空间转移总量达到了 98 万亿美元，其中"一带一路"沿线国家产业空间净转移量达到了 32 万亿美元，占据了全球产业净转移量的 32%，中国的产业净转移量达到了 13 万亿美元，占据了全球产业净转移量的 13%。与此同时，多数"一带一路"沿线国家经济发展水平较低，与中国产业互补性较强，在给中国贸易投资和产业转型带来市场和机遇的同时，也存在经济发展水平低下、基础设施支撑能力不足、地缘政治不稳定、传统大批量贸易方式壁垒增加等弊端。中国与"一带一路"区域的贸易模式必将进行新的调整，包括贸易与直接投资和产业转移的融合与互动、从产业间贸易向产业内贸易的转变、贸易结构与贸易条件的重新调整，通过制度性安排保障推进贸易与投资关系的协同发展。

2. "一带一路"逐渐形成以东盟为核心的贸易圈

在中美贸易摩擦背景下,随着中国对美国的出口和投资逐渐转向东盟、中国与东盟间的贸易和投资自由化程度提升和关税的削减,以及"一带一路"推动中国与东盟之间的联系及合作的进一步加强,东盟将成为中国对外贸易和投资的节点。当前,东盟为"一带一路"贸易规模最大的区域,内部贸易相较于其他区域更为密切。从贸易总量来看,2017 年"一带一路"中东盟国家与全球的贸易总额达到 5.8 万亿美元,其中,进口为 2.7 万亿美元,占"一带一路"中东盟国家自全球进口总额的 52.6%,出口为 3.1 万亿美元,占"一带一路"中东盟国家向全球出口总额的 60.5%(见图 0-3、图 0-4)。从"一带一路"区域内部贸易结构来看,东盟的进出口仍占据半壁江山,在区域内的进口、出口分别占其自(对)区域内进出口的 46.7% 和 57.0%。"一带一路"内部区域贸易关联不断增强,逐渐形成以东盟为核心的贸易圈。

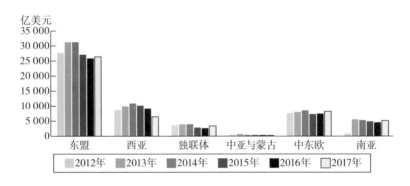

图 0-3　2012—2017 年"一带一路"不同区域进口额

资料来源:UN Comtrade。

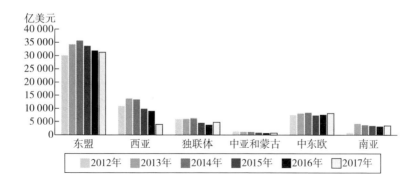

图 0 - 4 2012—2017 年"一带一路"不同区域出口额

资料来源：UN Comtrade。

3. 中国引领"一带一路"价值链升级效益进一步凸显

作为"一带一路"最大的中间品贸易大国以及凭借庞大的中国市场，中国将成为引领"一带一路"沿线国家经济持续增长的新动力。贸易投资是中国与"一带一路"沿线国家合作的优先方向。中国与"一带一路"沿线国家的贸易关系日益紧密，虽然贸易规模相对较小，但贸易增速较快，区域内贸易互补性强于贸易竞争性。中国通过贸易投资便利化，积极推进国际产能和装备制造合作，开展多元化投资，培育"一带一路"经济合作新亮点。而庞大的中国市场将成为引领"一带一路"沿线国家经济持续增长的新动力。

第一，中国是"一带一路"沿线国家最重要的贸易伙伴和最大的进出口市场。中国在促进"一带一路"提升全球贸易地位方面发挥了关键作用。中国是"一带一路"主要贸易国家的重要进出口市场，其贸易合作潜力正在持续释放。从贸易总额来看，中国在"一带一路"沿线国家和地区中长期稳居最大贸易国的位置。2013 年至 2021 年 5 月，中国与"一带一路"沿线国家货物贸易额累计超过 9 万亿美元（见图 0 - 5）。

第二，中国已成为最大的中间品贸易国，市场需求助力"一带一路"生产网络形成。中间品贸易以及全球价值链贸易快速增长，成为

17

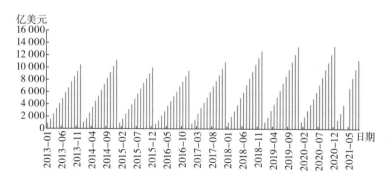

图 0 - 5   中国与"一带一路"沿线国家双边贸易呈快速增长
资料来源：中国海关总署。

全球贸易的主要形式。根据世界银行、世界贸易组织（WTO）、经济合作与发展组织等联合出版的《全球价值链发展报告2017》，当前全球有三大生产中心深度参与全球产业链，分别是美国、亚洲（中国内地、日本、韩国）和欧洲（特别是德国）。目前，中国已经成为"一带一路"主要中间品贸易大国，居全球中间品出口国首位。

第三，中国面向"一带一路"沿线国家的产业转移特征凸显。作为亚洲新工厂代表的印度尼西亚，与中国的生产关联逐渐增强，随着制造业转型升级的推进，中国一部分相对低技能的生产外包给东南亚等国家，使得中国与它们的生产关联大大提高；另外，随着中国人工、资源、能源和环境等成本的上涨，中国具备传统优势的加工制造业的国际竞争力被削弱，劳动密集型产业向印度尼西亚、越南、马来西亚、缅甸等东南亚国家大量转移。近几年，中国对东盟制造业的对外直接投资呈现出加速上升的趋势，2015年、2016年中国对东盟制造业的直接投资同比增速分别为73.4%和34.3%，2017年中国对东盟地区并购投资达341亿美元，同比增长268%，创历史新高。与此同时，随着中国资本品输出步伐的加快，中国在"一带一路"区域价值的地位进一步凸显。

表 0 - 2 中所选产品是我国从"一带一路"区域进口前六名的工

业品，以矿产品为主，并且所占比重较大，其余产品因地区不同呈现出明显的差异性。我国对"一带一路"区域出口工业产品主要集中于四大类（见表0-3），其中机电产品出口量最大。另外，中国对"一带一路"沿线国家出口工业产品主要集中于制造业产品，中国对制造业的对外直接投资从2014年的95.8亿美元上升至2018年的191.1亿美元。2017—2019年，各地区对我国进口产品比重以及对我国出口产品比重趋于稳定。

表0-2　中国自各区域主要产品进口额及占进口比重

产品类别	年份	东北亚		中亚		西亚		南亚		东南亚	
		进口额/亿美元	占比/%	进口额/亿美元	占比/%	进口额/亿美元	占比/%	进口额/亿美元	占比/%	进口额/亿美元	占比/%
矿产品	2017	335.51	72	96.76	67	887.62	77	36.10	19	323.16	14
	2018	499.15	76	136.75	72	1 263.79	79	38.13	17	388.33	14
	2019	510.52	76	145.47	72	1 269.21	79	40.82	19	405.12	14
机电产品	2017	4.48	1	—	4	26.12	2	—	—	1 044.87	44
	2018	3.09	1	—		25.52	2	—	—	1 227.51	46
	2019	2.82	1	—		27.26	2	—	—	1 300.30	37
木及制品	2017	44.73	10	—							
	2018	46.93	7	—							
	2019	42.81	6	—							
化工产品	2017	—	—	14.12	10	102.42	988				
	2018			12.01	65	123.41	988				
	2019	—	—	10.26	10	122.11	988				
贱金属及制品	2017			22.55				31.10	16		
	2018	—	—	32.25		—	—	24.74	11		
	2019			34.79				15.97	7		
纺织原料及制品	2017					—	—	35.20	18		
	2018			—	—	39.40	18				
	2019			—	—	28.56	13				

资料来源：根据中华人民共和国海关总署统计分析司统计数据计算得出。

表 0 - 3　中国出口各区域主要产品出口额及占出口比重

产品类别	年份	东北亚		中亚		西亚		南亚		东南亚	
		进口额/亿美元	占比/%	进口额/亿美元	占比/%	进口额/亿美元	占比/%	进口额/亿美元	占比/%	进口额/亿美元	占比/%
机电产品	2017	164.43	37	41.35	19	403.86	34	461.17	43	1 011.26	36
	2018	187.47	38	55.38	25	398.02	34	484.25	41	1 183.24	37
	2019	192.06	37	62.99	24	409.95	33	454.33	40	1 365.77	38
纺织原料及制品	2017	59.61	14	67.97	32	184.26	16	143.60	13	342.52	12
	2018	58.45	12	66.24	29	154.61	13	159.12	14	383.55	12
	2019	53.95	10	76.66	29	175.13	14	166.55	15	389.87	11
贱金属及制品	2017	32.04	7	16.42	8	130.86	11	84.14	8	305.54	11
	2018	37.89	8	18.84	8	135.68	12	106.71	9	374.09	12
	2019	41.63	8	21.57	8	140.33	11	102.05	9	372.61	10
化工产品	2017	19.53	4	5.19	2	55.47	5	127.16	12	177.80	6
	2018	23.44	5	5.90	3	63.67	6	165.01	14	202.31	6
	2019	24.52	5	5.75	2	67.06	5	161.73	14	201.67	6

资料来源：根据中华人民共和国海关总署统计分析司统计数据计算得出。

二、六大经济走廊建设整体状况与进展

当前，中国提出共建"一带一路"倡议已经历了近十年时间。这十年来，"一带一路"从构想到倡议、从愿景到行动，政策沟通、设施联通、贸易畅通、资金融通和民心相通"五通"全面推进，共商共建共享成为全球化新形势下推动各国合作共赢的基本准则。"一带一路"成为全球公共产品，广大沿线国家及相关国家从共建"一带一路"中获得了实实在在的好处，共建"一带一路"正在从"大写意"向精雕细琢的"工笔画"阶段转变，互联互通、高质量发展、惠及民生、可持续发展成为基本要求，共建"一带一路"的领域、内涵、重点在不断深化拓展。六大经济走廊作为践行"一带一路"倡议的实践平台，发挥了重要的引领作用。

（一）六大经济走廊的提出

"六廊六路多国多港"是"一带一路"建设的主框架，"六廊"主要是指六大经济走廊，包括中蒙俄经济走廊、新亚欧大陆桥经济走廊、中国—中亚—西亚经济走廊、中国—中南半岛经济走廊、中巴经济走廊和孟中印缅经济走廊，涵盖了 60 多个国家和地区，有利于打造共建"一带一路"互利共赢新格局。

2013 年 9 月和 10 月，习近平主席先后提出共同建设丝绸之路经济带和 21 世纪海上丝绸之路倡议。2015 年 3 月，国家发展改革委、外交部、商务部三部门联合发布的《推动共建丝绸之路经济带和 21 世纪海上丝绸之路的愿景与行动》提出，根据"一带一路"走向，陆上依托国际大通道，以沿线中心城市为支撑，以重点经贸产业园区为合作平台，共同打造新亚欧大陆桥、中蒙俄、中国—中亚—西亚、中国—中南半岛等国际经济合作走廊。中巴、孟中印缅两个经济走廊与推进"一带一路"建设紧密关联，要进一步推动合作，取得更大进展。

新亚欧大陆桥经济走廊、中蒙俄经济走廊、中国—中亚—西亚经济走廊经亚欧大陆中东部地区，不仅将充满经济活力的东亚经济圈与发达的欧洲经济圈联系在一起，更畅通了连接波斯湾、地中海和波罗的海的合作通道。中国—中南半岛经济走廊、中巴经济走廊和孟中印缅经济走廊经过亚洲东部和南部这一全球人口最稠密地区，连接沿线主要城市和人口、产业集聚区。澜沧江—湄公河国际航道和在建的地区铁路、公路、油气网络，将丝绸之路经济带和 21 世纪海上丝绸之路联系到一起，使经济效应辐射至南亚、东南亚、印度洋、南太平洋等地区。2016 年 3 月发布的国家"十三五"规划纲要提出，推动中蒙俄、中国—中亚—西亚、中国—中南半岛、新亚欧大陆桥、中巴、孟中印缅等国际经济合作走廊建设，陆上六大经济走廊的提法正式形成。

六大经济走廊是"一带一路"建设的重要抓手，可以将"一带一路"建设具体落实到不同的方向和地理空间。六大经济走廊均位于陆上,是"一带一路"的重要组成部分,与"一带一路"并不能画等号。具体来看,六大经济走廊之间存在很大差异:一是联通的地理方向不同,有向西通往中亚、西亚、南亚和欧洲的,有向北通往蒙古国和俄罗斯的,还有向南通往东南亚的;二是涉及的沿线国家数量差异巨大,从一个、两个、三个到多个不等,中巴经济走廊只通往巴基斯坦一个国家,中国—中南半岛经济走廊和中国—中亚—西亚经济走廊都要经过多个国家;三是建设的基础条件差异巨大,例如,新亚欧大陆桥经济走廊在开始建设时就不具备交通基础设施支撑,多数需要新建大量交通基础设施。需要说明的是,虽然强调"一带一路"的开放包容,但是并未明确界定"一带一路"和六大经济走廊建设具体包括哪些国家。六大经济走廊里除中巴经济走廊、中蒙俄经济走廊和孟中印缅经济走廊在名称中已经明确显示出沿线国家外,学界和业界对于中国—中南半岛经济走廊、中国—中亚—西亚经济走廊和新亚欧大陆桥经济走廊沿线具体包括哪些国家存在许多不同的看法。出于研究需要,笔者将走廊沿线国家确定如下(见表0-4)。

表0-4 "一带一路"的六大经济走廊划分

经济走廊名称	沿线国家	国家数量
中巴经济走廊	巴基斯坦	1
中蒙俄经济走廊	蒙古国、俄罗斯	2
孟中印缅经济走廊	孟加拉国、印度、缅甸	3
中国—中南半岛 经济走廊	老挝、柬埔寨、泰国、越南、马来西亚、新加坡	6
新亚欧大陆桥 经济走廊	哈萨克斯坦、俄罗斯、白俄罗斯、乌克兰、摩尔多瓦、阿尔巴尼亚、波黑、保加利亚、克罗地亚、捷克、爱沙尼亚、希腊、匈牙利、拉脱维亚、黑山、北马其顿、波兰、罗马尼亚、塞尔维亚、斯洛伐克、斯洛文尼亚	21
中国—中亚—西亚 经济走廊	哈萨克斯坦、塔吉克斯坦、乌兹别克斯坦、吉尔吉斯斯坦、土库曼斯坦、阿富汗、伊朗、伊拉克、土耳其、格鲁吉亚、亚美尼亚、阿塞拜疆、叙利亚、约旦、黎巴嫩、以色列、巴勒斯坦、沙特阿拉伯、也门、阿曼、阿联酋、卡塔尔、科威特、巴林	24

注:立陶宛退出中国—中东欧"17+1"合作,因此不再将其列为新亚欧大陆桥经济走廊沿线国家。

（二）六大经济走廊建设总体情况

新亚欧大陆桥、中蒙俄、中国—中亚—西亚、中国—中南半岛、中巴、孟中印缅等六大经济走廊为推动共建"一带一路"经贸产业合作，构建高效畅通的亚欧大市场发挥了重要的桥梁和纽带作用。

1. 新亚欧大陆桥经济走廊

新亚欧大陆桥经济走廊是直接联系中国和欧洲的唯一一条走廊。近十年来，以中欧班列、陆海新通道等大通道和信息高速路为骨架，以铁路、港口、管网等互联互通网络为依托，新亚欧大陆桥经济走廊区域合作日益深入，将开放包容、互利共赢的伙伴关系提升到新的水平，有力推动了亚洲与欧洲的经济贸易交流。中国与中东欧国家共同发布《中国—中东欧国家合作布达佩斯纲要》《中国—中东欧国家合作索菲亚纲要》等文件，中欧互联务实合作有序推进。匈塞铁路匈牙利段项目EPC主承包合同正式生效。匈塞铁路塞尔维亚贝尔格莱德至诺维萨德段于2023年3月通车运营。中欧班列主要通过新亚欧大陆桥运行，成为共建"一带一路"的重要载体和标志性成就。中欧班列为"一带一路"沿线国家商品贸易搭建了一条高速通道，使沿线国家经贸交往日渐活跃。自2011年3月开通至2022年1月末，中欧班列累计开行突破5万列，运送货物超455万标箱，货值达2 400亿美元，通达欧洲23个国家180个城市。

2. 中蒙俄经济走廊

中蒙俄经济走廊作为全方位深化与俄罗斯、蒙古国合作的重要通道，连接着东亚经济圈与欧洲经济圈，具有重要的示范和带动作用。2016年9月，国家发展改革委发布《建设中蒙俄经济走廊规划纲要》，并建立了中蒙俄三方元首定期机制框架。多年来，中蒙俄经济走廊取得了积极进展，形成了以铁路、公路和边境口岸为主体的跨国基础设施互联互通网络。2018年，三国签署《关于建立中蒙俄经济走廊联合推进机制的谅解备忘录》，2020年11月，中蒙俄经济走廊建设三方工作组以视频方式召开第一次会议。横跨中俄两国的能源大动脉——中俄东线天然气管道投产通气，同江中俄铁路大桥合龙。

3. 中国—中亚—西亚经济走廊

中国—中亚—西亚经济走廊是沟通中国与中亚和西亚的重要经济合作区域。中国—中亚—西亚经济走廊建设涉及国家最多，地域空间最大，各种矛盾风险交织，多方势力激烈博弈，地域空间广阔，地形条件复杂，经济走廊建设面临诸多现实挑战，主要以双边合作形式开展，整体层面仍未实质性启动。总体来看，走廊在设施互联互通、经贸与产能合作、能源等领域的合作不断加深，初步形成了全方位、立体化、多层次的合作网络。中亚、西亚地区基础设施建设不断完善。面对新冠疫情的冲击，中国与中亚、西亚国家建立了广泛合作。在上海合作组织、中阿合作论坛等框架下，与中亚、西亚国家开展抗疫研发工作，与阿拉伯国家共同发布抗击疫情联合声明，继续开展共建"一带一路"合作，加强宏观经济政策协调，统筹推进经济社会发展。

4. 中国—中南半岛经济走廊

中国—中南半岛经济走廊战略地位十分重要，不仅是连接太平洋与印度洋的桥梁，而且是欧亚大陆的"心脏腹地"和印度洋和太平洋"海权中心"之间的缓冲地带，核心是澜沧江—湄公河合作（以下简称澜湄合作）。多年来，经济走廊在基础设施互联互通、跨境经济合作区建设等方面取得实质性成果。其中，中老经济走廊合作、泰国"东部经济走廊"、中国与柬老缅越泰（CLMVT）经济合作等重要合作框架稳步推进。中国—东盟（10＋1）合作机制、澜湄合作机制、大湄公河次区域经济合作（GMS）积极作用越发明显。中国—中南半岛经济走廊也加快了澜湄区域经济合作进程。澜湄合作经历了培育期、快速拓展期，迈入了全面发展新阶段。从2014年至今，澜湄合作已经举行三次高官会、三次工作组会和一次外长会。2020年，中国与湄公河5国贸易额达 3 221 亿美元，比 2015 年增长 66.3%，中国成为柬埔寨、泰国、越南、缅甸的最大贸易伙伴，老挝的第二大贸易伙伴，越南一跃成为中国第四大国别贸易伙伴。中老铁路全线通车运营，并开通国际客运列车；中泰铁路一期线上工程签署。《西部陆海新通道总体规划》颁布实施，成为走廊建设的重要支撑。

5. 中巴经济走廊

作为"一带一路"重要的先行先试项目，经济走廊以能源、交通基础设施、产业园区合作、瓜达尔港为重点的合作布局取得重大进展，正走向聚焦社会民生、产业和农业合作的高质量发展新阶段。2020 年，《中华人民共和国和巴基斯坦伊斯兰共和国关于深化中巴全天候战略合作伙伴关系的联合声明》对外发布，中巴经济走廊联委会框架下的联合工作组增设农业和科技两个组，数目达到 10 个，走廊建设合作机制不断健全、完善。一批项目顺利推进，巴基斯坦 PKM 高速公路项目（苏库尔—木尔坦段）落成，瓜达尔新国际机场项目正式开工，瓜达尔医院和职业技术学校项目开工。一批项目开始运营并发挥作用，喀喇昆仑公路二期（赫韦利扬—塔科特）项目全线通车，拉合尔轨道交通橙线项目开通运营，中国红其拉甫至巴基斯坦伊斯兰堡的新的光缆线路已投入运营。中巴经济走廊是"一带一路"重要先行先试项目和中巴合作的示范工程。自 2013 年启动建设以来，中巴经济走廊建设硕果累累，中国连续多年成为巴基斯坦最大的贸易伙伴和最大的投资来源国，已经累计为巴基斯坦带来 254 亿美元的直接投资，创造 7.5 万个就业岗位，在促进巴基斯坦经济和社会发展中发挥了重要作用。萨希瓦尔、卡西姆港等电厂发电量占巴基斯坦全国电力供应的 1/3，改变了巴基斯坦电力短缺的状况，为稳定巴基斯坦经济社会发展做出了突出贡献。

6. 孟中印缅经济走廊

2013 年 12 月，孟中印缅联合工作组第一次会议在中国昆明召开，确定了孟中印缅经济走廊联合研究计划。然而，孟中印缅经济走廊仍然是一个松散的次区域合作框架,长效机制尚未建立。四国官方成立的孟中印缅联合研究工作组先后于 2013 年、2014 年、2017 年举行了三次会议。整体而言,由于印度对"一带一路"建设的抵触,孟中印缅经济走廊建设仍未正式启动。随着中国与缅甸两国政府于 2018 年签署共建中缅经济走廊的谅解备忘录,作为孟中印缅经济走廊重要组成部分的中缅经济走廊建设得以启动并取得了一定成效。但受 2021 年缅甸形势风云突变的影响,中缅经济走廊也面临着重大的不确定性。总体来看,孟、中、印、缅四方在联合工作组框架下共同推进走廊建设,在基础设施互联互通、贸易和产业园区合作、机制和制度建设、人文交流与民生合作等方面规划、推动了一批重点项目。第二届"一带一路"国际合作高峰论坛期间,中缅双方共同签署《中缅经济走廊合作计划(2019—2030)谅解备忘录》《关于制定经贸合作五年发展计划》《缅甸与中国政府经济技术合作协定》。2020 年 1 月,皎漂经济特区深水港项目协议正式签约交换,中缅经济走廊进入实质性规划建设阶段。

三、六大经济走廊建设面临的风险与挑战

(一) 美西方战略围堵风险

为了应对"一带一路"倡议带来的"挑战",近年来美国政府除了言辞抹黑,还采取若干政策举措,力图对"一带一路"合作进行干扰和阻碍,实施"成本强加",将对冲"一带一路"作为美国对华战略竞争大棋局的重要组成部分。美国的对华博弈日益彰显全面性、跨域性和全球性等特征,试图将对华经济围堵、技术封控、军事安全遏制与意识形态打压更加紧密地结合起来,这在"一带一路"问题上得到集中体现。

特朗普政府以来,美国以"大国竞争"为导向大幅调整美国对华战略,尤其是显著加大对中国倡导的"一带一路"国际合作的制衡,如推动实施"印太战略"、设立国际发展融资公司、制造渲染"债务陷

阱论"等针对中国的负面论调。以六大经济走廊为代表的"一带一路"建设，在推进过程中面临来自西方的日渐增加的指责、敌意和围堵。

2017 年 11 月，美国海外私人投资银行（OPIC）与日本国际合作银行（JBIC）建立合作伙伴关系，共同为地区国家提供基础设施融资等支持。2018 年 2 月，OPIC 与澳大利亚政府也签署了类似谅解备忘录。当时，澳大利亚、美国、印度和日本正讨论制订一个联合区域基础设施计划，将其作为"一带一路"倡议的替代方案。2018 年 12 月，美国政府宣布加入"太平洋地区基础设施项目集团"，联手澳大利亚、日本等国提升在太平洋岛国基础设施建设援助上的影响力。2018 年 12 月 31日，特朗普签署国会参议院 2736 号提案《亚洲再保证法案》，其中包括授权政府未来 5 年每年拨款 15 亿美元，用于美国在印太地区的军事、外交、经济参与和捐助等活动，以加强与该地区战略盟友的合作。

2019 年 11 月，美国、澳大利亚和日本在泰国曼谷举行的"印太商业论坛"上联合发起"蓝点网络"计划（Blue Dot Network），宣称打造"多元利益相关者"倡议，在"公开且包容"框架内提升全球基建发展的"高质量、可信任"标准；同时，美国国务院发布《自由与开放的印太：推进共同愿景》报告，宣扬"蓝点网络"计划对于推动印太地区经济繁荣的重要性。2020 年 3 月，美国国际发展金融公司（DFC）获得 8 亿美元资金，宣称为印太和其他战略地区的欠发达国家提供中国国际基建援助以外的"透明、高质量"替代品。"蓝点网络"计划是通过基础设施建设深化美国主导的"印太战略"的重要政策工具。嵌入"印太战略"体系正是美国打造"蓝点网络"计划的重要切入点。印太是美国的"首要战区"，"印太战略"的"支柱"包括"促进区域互联"。"蓝点网络"更是主要对冲"一带一路"倡议并企图在基建方面争得一席之地，拓展美国在印太地区的权力空间，加速"印太战略"的推进。同时，美国还拉拢北约加入对抗"一带一路"阵营。为此，北约建立了"地理信息服务团队"（geo information service team），以收集中国在"一带一路"倡议框架内在欧洲大西洋地区对港口、机场、交通和通信系统等设施的投资信息。

拜登上台后继承了特朗普政府针对"一带一路"倡议构建的政策体系,通过举办美日印澳四国峰会、创建关键和新兴技术工作组等方式升级美国的"印太战略","数字互联互通和网络安全伙伴关系""蓝点网络"计划等具体机制也得以延续。2021年6月,G7峰会通过了拜登政府提出的"重建更好的世界"(B3W)的倡议,计划投资40万亿美元,来满足中低收入国家巨大的基础设施需求。9月,美国、日本、印度、澳大利亚进行"四方安全对话机制"会议,这是第一次进行国家领导人层级的四方机制会议,意味着"印太战略"机制化。除了"继承",预计拜登政府在制衡"一带一路"倡议方面还会有所"创新",例如,更加重视打"环境牌",将气候变化问题与"一带一路"框架下的能源类、交通类项目联系起来,对中国加大施压力度。综合来看,美国对冲"一带一路"有如下四大重点。

首先,不断充实、细化"印太战略",从经济、安全、民主治理等方面推出若干政策举措,将"印太战略"打造为制衡"一带一路"倡议的主要平台。特朗普政府提出要构建"自由而开放的印太",维护"基于规则的印太秩序",推动"负责任的互联互通",支持符合透明、法治、环保等原则的"高质量基础设施建设"。在经济上,美国聚焦数字经济和网络安全、能源和基础设施发展三大领域,试图深化与日本、澳大利亚、印度等国的协作,为印太国家提供更多低息贷款,用于发电站、道路、桥梁、港口等基础设施建设。美国、日本、印度三国还成立了"印太基础设施三边论坛"等机制,旨在充分挑动私营企业和资本的力量,与中国展开竞争。

其次,重视"一带一路"倡议在欧洲地区的扩展,欲联手欧盟等力量共同对中国实施制衡。"一带一路"倡议的主要目标是将活跃的东亚经济圈与发达的欧洲经济圈更加紧密地联系起来,欧洲在"一带一路"合作格局中占据着特殊地位,尤其是希腊、捷克、匈牙利等南欧和中东欧地区国家对参与"一带一路"建设较为积极。在此背景下,美国前国务卿蓬佩奥等特朗普政府高官极力阻挠中欧开展"一带一路"合作,包括要求意大利政府不与中国签署"一带一路"合作文件。此外,美国还通过支持波兰、克罗地亚等国发起的"三海"(波罗的海、黑海和亚得里亚海)倡议等,对"一带一路"倡议以及"17 + 1 合作机制"进行反制,2020 年 2 月,特朗普政府宣布为"三海倡议"提供10 亿美元的资金支持。

再次,将国际发展领域视为大国竞争的"角力场",通过组建美国国际发展金融公司(USIDFC)、推动"蓝点网络"计划等方式对中国进行反制。一方面,试图通过多边援助审查,加强对世界银行等现有国际发展机构的控制,阻挠国际组织参与"一带一路"合作;另一方面,根据《善用投资促进发展法案》(BUILD Act),将 OPIC、美国国际开发署发展信贷部等机构重新整合,组建美国国际发展金融公司,为相关国家的基础设施建设融资等提供针对中国的"替代性选择"。此外,美国还与日本、澳大利亚合作发起"蓝点网络"计划,对大型基础设施项目进行所谓的国际认证,用市场化、债务可持续、环境保护等方面的高标准与"一带一路"项目做出区隔。

最后,将"数字丝绸之路"作为对华制衡的重点领域,借助"清洁网络计划""敏感技术多边行动"等机制与中国展开"数字地缘竞争"。为了打压华为公司在 5G、海底光缆等领域的国际业务,美国政府推动"清洁网络计划",要求成员国在建设本国数字基础设施时不使用中国企业提供的设备和技术。再者,通过推动实施"数字互联互通和网络安全伙伴关系""美国—东南亚'智慧城市'伙伴关系"等,加快构建应对"数字丝绸之路"的"全政府"机制,并完善相关的资源配置,力图增强美国对发展中国家"数字未来"的塑造能力。此外,美国还推动对华"规则制衡",以"美日数字贸易协定""东盟—澳大利亚数字贸易标准倡议"等为基础,将反对数据本地化、支持企业采取加密技术等条款扩展到美国与其他国家商签的贸易协议中,进而影响国际数字贸易规则。

除美国外,欧盟随着主权战略的推进也希望扩展其地缘影响力,提出了欧盟对冲"一带一路"的战略。2018 年 10 月,提出"连接欧洲和亚洲——欧盟战略的基石"战略构想,拟从交通、能源、数字、人文四个方面加强对亚洲的基础设施投资。2019 年 9 月和 2021 年 5 月,欧盟先后与日本和印度签署互联互通伙伴关系协议。同年 7 月,欧盟理事会批准了"全球联通欧洲"的战略计划,强调要与东盟和美国等志同道合的国家和地区建立互联互通伙伴关系。欧盟版的全球基础设施计划也称作"全球门户"(Global Gateway),由欧盟委员会主席冯德莱恩在当地时间 2021 年 9 月 15 日欧盟年度咨文中正式提出,旨在通过高质量的基础设施,将世界各地的商品、人员和服务联结起来。这是继美国 2019 年 11 月提出"蓝点网络"计划和 2021 年 6 月提出 B3W 倡议,以及 G7 集团 2021 年 6 月提出"全球基础设施建设"后,西方提出的又一个基础设施建设计划。"全球门户"要求项目应"有较大效益和可见度",如铁路线、港口扩建、数据传输和电力网线等。

综合来看,美西方提出的各种计划,并非要与中国一道真心帮助中低收入国家进行基础设施建设,而是提出所谓的"高标准"以对冲"一带一路"。西方的战略对冲将为"一带一路"六大经济走廊的建设持续带来巨大挑战,造成走廊沿线国家的决策者、项目业主、劳工、民众以及国际各类投融资机构对走廊建设项目认知上的错位和误解,项目在立项、审批、融资、建设、运营的任何阶段都可能受到延误、暂停或中断的威胁。

(二)地缘政治风险

六大经济走廊所在的亚欧大陆,具有三个方面的突出特征:一是本地区在世界地缘政治版图上占据重要地位,始终是地缘政治争夺和大国博弈的核心地带;二是本地区多数国家都拥有比较丰富的自然资源;三是本地区宗教色彩浓厚且宗教矛盾突出,多数国家民族构成多元、复杂。民族矛盾与宗教矛盾、资源争夺、地缘政治矛盾交织,形成错综复杂的关系,给六大经济走廊建设带来巨大的地缘政治挑战。

由于各经济走廊经过的地域不同,其面临的地缘政治风险也各不相同。具体而言,中巴经济走廊面临的地缘政治挑战主要来自印度,同时也面临阿富汗局势的威胁。印度一直反对中巴经济走廊建设,2020 年 11 月,巴基斯坦外长明确指责印度支持在巴境内组织破坏中巴经济走廊设施的武装分子。在阿富汗,随着美军的撤出,阿富汗政治和安全形势发生激烈变化,中巴经济走廊建设也面临全新挑战。

中蒙俄经济走廊的主要地缘政治挑战来自夹在中俄两国之间的蒙古国。第一,蒙古国对中国的接受和靠近需要一个缓慢的过程;第二,美国、日本等国对蒙古国拉拔挑拨,离间中蒙俄三国关系;第三,中俄两个大国在蒙古国的力量要保持相对平衡。

新亚欧大陆桥经济走廊的主要地缘政治风险位于中东欧地区,该地区处于欧美与俄罗斯对抗和争夺的前沿。乌克兰东部自 2014 年起一直处于危机状态,这导致乌克兰参与新亚欧大陆桥经济走廊建设的程度并不深,直到 2020 年才开通直达和过境乌克兰的中欧班列。过境白俄罗斯过去是中欧班列的唯一选择。2020 年白俄罗斯大选后,白俄罗斯与欧盟和西方关系迅速交恶。白俄罗斯领导人公然威胁切断德国货物东运的通道。2022 年俄乌冲突的爆发使得新亚欧大陆桥经济走廊上的俄罗斯、白俄罗斯与乌克兰、中东欧国家和欧盟的关系出现颠覆性破坏,走廊建设面临前所未有的严峻局面。

中国—中亚—西亚经济走廊经过的地区恰好是伊斯兰文明聚集和能源资源富集合二为一的地带,文明冲突和资源争夺在该走廊途经的地区表现得尤为明显和强烈,从而使该经济走廊建设面临严峻的地缘政治风险和恐怖主义风险。在中亚,美国于 2015 年建立了"C5 + 1"机制,美国前国务卿蓬佩奥等一些政客以造谣污蔑等方式不断挑拨中亚同中国的友好关系。美国还寻求从阿富汗撤军后在乌兹别克斯坦和塔吉克斯坦部署军事基地的可能性。此外，欧盟、日本、印度等也积极在中亚开展活动。在西亚，巴以冲突矛盾未解，伊拉克安全形势始终不容乐观，叙利亚和也门长期陷入内战。这些因素导致中国—中亚—西亚经济走廊建设进展较为缓慢。

中国—中南半岛经济走廊建设面临地区国家之间的猜忌和外部势力的介入。越南是美、欧、日重点拉拢的对象。泰国国内政治形势极为复杂，日本和美国又从中作梗，致使中泰铁路合作进展缓慢且曲折。新加坡和马来西亚之间的高铁项目，由于双方的互相猜忌于2021年正式取消。

孟中印缅经济走廊仍处于概念状态，根本原因是印度的消极和冷淡，担心中国通过接管该经济走廊深入印度在南亚的势力范围。作为该经济走廊的一部分，中缅经济走廊先期展开建设，但受到缅甸局势的极大影响。随着美西方纷纷推出各自的"印太战略"，印度成为西方国家拉拢和借重的对象，孟中印缅经济走廊推进的难度进一步增加。

（三）经济风险

经济风险是指受东道国宏观经济环境和行业环境影响而可能造成贸易投资损失的风险，主要包括东道国国家宏观经济发展不稳定、严重通货膨胀、国际收支失衡、汇率波动、利率变化等带来的风险。

六大经济走廊沿线国家和地区，存在一定程度的经济风险，主要表现在以下方面：一是经济结构单一、畸形，大多数国家仍未完成工业化，三次产业结构失衡，表现为第一产业比重较高，第二产业比重过低；二是很多国家出口、财政和就业等过于依赖能源资源和初级产品加工行业，受国际大宗商品市场影响较大，容易出现大起大落；三是部分国家出口创汇能力较弱，经常账户逆差占GDP比例较高，如柬埔寨经常账户逆差占GDP的比例从2017年的8.2%持续上升到2020年的

25.4%，导致自身金融资源匮乏，对外部资金依赖度较高；四是部分国家通胀压力居高不下；五是本币汇率稳定性较差，容易受到美元等国际主要货币走势的影响，传导形成金融和经济领域的危机。除此之外，伊朗、缅甸、白俄罗斯、俄罗斯等国还遭受着来自西方的经济制裁，经济形势因此雪上加霜。这些因素都是"一带一路"建设顺利开展的隐患。

（四）债务风险

"一带一路"项目往往投资金额较大，期限较长，风险敞口较大。截至 2021 年 7 月，国家开发银行累计向"一带一路"沿线国家项目投放贷款逾 2600 亿美元，贷款余额 1665 亿美元。[①] 截至 2021 年年末，进出口银行"一带一路"贷款余额 1.95 万亿元，同比增长超 11%。[②] 进出口银行储备项目按投资额加权平均贷款期限约为 16 年，其中 2/3 的贷款期限集中在 11～20 年，超过 20% 的贷款期限集中在 20～30 年，各种因素变化的挑战非常严峻。[③]

外债负债率是指年末外债余额与当年国内生产总值的比率，国际上比较公认的负债率安全线为 20%。通过分析六大经济走廊沿线 35 个主要国家的外债负债率，可以发现 80% 的国家（28 个）外债负债率超出了 20% 的安全线。在这 28 国当中，到 2019 年年底，中国在 13 个国家的投资存量超过 10 亿美元（见表 0 - 5）。

表 0 - 5　六大经济走廊沿线主要国家外债负债率与中国投资存量情况

国家	2012 年	2013 年	2014 年	2015 年	2016 年	2017 年	2018 年	2019 年	中国投资存量/亿美元
蒙古国	137.24	161.57	188.66	203.41	239.61	284.67	252.30	253.06	34.31
黑山	148.58	158.11	142.42	151.45	140.98	146.01	144.13	149.95	0.85

---

① 资料来源：www. rmhb. com. cn/zt/ydyl/202212/t20221221_800316454. html.

② 资料来源：https://m. gmw. cn/baijia/2022 - 01/30/1302785588. html.

③ 资料来源：finance. sina. cn/money/bank/yhpl/2022 - 11 - 16/doc - iiznezxs1960164. shtml.

国家	2012 年	2013 年	2014 年	2015 年	2016 年	2017 年	2018 年	2019 年	中国投资存量/亿美元
黎巴嫩	127.13	133.23	135.37	138.10	137.95	140.12	145.86	144.93	0.02
吉尔吉斯斯坦	93.78	98.60	101.78	120.30	123.55	110.91	101.88	106.40	15.50
格鲁吉亚	77.38	80.62	81.38	101.77	113.02	106.32	102.43	101.60	6.71
哈萨克斯坦	75.34	70.79	79.36	88.66	132.03	106.92	99.81	98.30	72.54
老挝	77.46	72.48	76.01	84.66	89.48	92.06	89.84	94.11	82.50
亚美尼亚	69.19	73.54	70.52	80.42	91.33	85.70	84.61	85.52	0.13
波黑	81.33	80.00	73.64	84.70	84.57	84.57	79.35	82.35	0.17
乌克兰	77.39	81.34	96.09	128.49	121.26	106.90	90.16	78.12	1.58
约旦	59.19	68.00	66.77	67.60	68.94	73.38	75.25	75.67	3.12
北马其顿	67.85	63.79	64.87	69.42	73.31	78.68	71.32	75.10	0.21
塞尔维亚	82.00	77.99	72.86	82.77	76.80	83.03	71.20	73.71	1.65
塔吉克斯坦	47.40	43.75	45.36	54.84	63.83	72.00	68.29	70.19	19.46
白俄罗斯	52.59	54.36	52.41	70.90	82.44	75.19	66.97	66.54	6.52
阿尔巴尼亚	60.39	66.53	63.76	73.32	70.65	75.09	65.22	63.84	0.07
保加利亚	96.47	94.97	83.45	82.29	76.72	71.24	62.51	60.05	1.57
柬埔寨	50.55	52.18	52.48	55.61	53.48	54.88	59.01	60.01	64.64
摩尔多瓦	55.89	59.71	56.63	74.52	73.21	68.37	62.05	59.86	0.04
土耳其	38.77	41.13	43.63	46.80	47.58	53.85	58.19	58.88	18.68
越南	41.19	39.96	40.85	42.46	43.55	50.06	46.46	47.56	70.74
埃及	14.68	16.55	13.99	15.40	21.09	36.65	41.16	39.40	10.86
乌兹别克斯坦	14.26	15.26	16.01	16.76	18.99	27.82	33.80	36.98	32.46
巴基斯坦	28.30	25.74	25.87	25.08	26.72	28.72	30.26	36.98	47.98
阿塞拜疆	16.55	15.10	16.65	26.09	41.22	39.13	36.30	34.45	0.08
泰国	39.08	38.55	37.80	34.74	35.34	37.09	35.79	34.42	71.86
也门	22.42	19.92	19.03	17.76	22.83	26.90	29.98	31.26	5.44
俄罗斯	27.65	30.21	27.60	35.28	42.96	33.82	27.85	29.81	128.04
尼泊尔	20.05	20.66	19.58	19.04	19.98	19.49	18.75	21.01	5.39
印度	21.74	23.30	22.70	23.03	20.26	19.49	19.41	19.74	36.10

国家	2012 年	2013 年	2014 年	2015 年	2016 年	2017 年	2018 年	2019 年	中国投资 存量/ 亿美元
孟加拉国	19.55	19.44	17.71	17.31	16.43	17.97	18.19	18.01	12.48
缅甸	19.64	17.47	16.31	15.65	15.45	16.06	14.54	15.16	41.34
阿富汗	12.88	12.54	12.35	12.93	14.27	14.39	14.44	13.58	4.19
伊朗	1.24	1.51	1.34	1.67	1.45	1.53	1.26	—	30.56
土库曼斯坦	1.59	1.42	1.03	1.09	1.44	2.16	2.32	—	2.27

数据来源：世界银行数据库、中国对外直接投资统计公报。

（五）环境、社会和治理风险

随着全球范围内对气候变化问题关注程度的不断提高，传统能源开发项目成为众矢之的，在世界银行的率先行动下，越来越多的金融机构"一刀切"地禁止对其提供融资。西方利用 7 国集团等多边机制，不停地制造舆论，将中国描述为国际煤电融资的主要提供者，要求中国停止为"一带一路"煤电项目融资。尽管波士顿大学的一项最新研究显示，2013 年至 2019 年中期，在中国境外投入运行或正在开发的煤电产能中，87% 的融资主要来自日本、美国和英国，只有 13% 是由中国实体资助的，但中国对海外包括煤电项目在内的传统能源开发项目的融资仍然面临巨大的舆论压力。

从国家治理能力来看，广大亚非拉地区的国家受到政治秩序不稳定、社会治安败坏、基础设施不足和公共服务水平低下等诸多问题的困扰，其国家治理仍然面临严峻的系统性难题。按照非政府组织"透明国际"发布的对全球 180 个国家和地区的"2020 年度全球腐败印象指数"（"全球清廉指数"）排名，在六大经济走廊中，中国—中亚—西亚经济走廊沿线国家除阿拉伯联合酋长国、卡塔尔、以色列、阿曼、约旦、沙特阿拉伯外的多数国家都属于腐败的重灾区，中蒙俄经济走廊上的蒙古国和俄罗斯分别位列排行榜第 111 名和第 129 名，中国—中南半岛经济走廊上的泰国和越南并列第 104 名,老挝和柬埔寨分别为第 134 名和第 160 名,孟中印缅经济走廊上的缅甸和孟加拉国分别排第 137 名和第 146 名(见表 0-6)。

表 0-6　六大经济走廊部分国家的营商环境和治理能力排名

经济走廊	国家	世行营商环境排名(2020 年)	透明国际清廉指数排名(2020 年)
中国—中亚—西亚经济走廊	叙利亚	176	178
	也门	187	176
	阿富汗	173	165
	土库曼斯坦	—	165
	伊拉克	172	160
	伊朗	127	149
	黎巴嫩	143	149
	塔吉克斯坦	106	149
	乌兹别克斯坦	69	146
	阿塞拜疆	34	129
	吉尔吉斯斯坦	80	124
中巴经济走廊	巴基斯坦	108	124
中蒙俄经济走廊	蒙古国	81	111
	俄罗斯	28	129
孟中印缅经济走廊	印度	63	86
	孟加拉国	168	146
	缅甸	165	137
中国—中南半岛经济走廊	老挝	154	134
	柬埔寨	144	160
	泰国	21	104
	越南	70	104
	马来西亚	12	57

经济走廊	国家	世行营商环境排名（2020 年）	透明国际清廉指数排名（2020 年）
新亚欧大陆桥经济走廊	乌克兰	64	117
	摩尔多瓦	48	115
	波黑	90	111
	北马其顿	17	111
	哈萨克斯坦	25	94
	白俄罗斯	49	63

资料来源：世界银行、透明国际。

（六）恐怖主义风险

六大经济走廊所处区域，尤其是中东、中亚、南亚，活跃着很多臭名昭著的国际恐怖组织，包括基地组织、"伊斯兰国"或"达伊沙"、"伊斯兰国呼罗珊分支"或"伊斯兰国呼罗珊省"、巴基斯坦塔利班（简称巴塔）、俾路支解放军、哈卡尼网络、叙利亚胜利阵线、"东突厥斯坦伊斯兰运动"（简称"东伊运"）、乌兹别克斯坦伊斯兰运动（简称乌伊运）、伊斯兰解放党等。这就造成地区恐怖主义风险高发、频发，在中东和南亚地区表现尤为突出。据全球恐怖主义指数（GTI）报告，六大经济走廊上有阿富汗、伊拉克、叙利亚、也门、巴基斯坦、印度 6 个国家位列全球受恐怖主义影响最严重的十大国家之中（见表 0-7）。这些国家和地区是中巴经济走廊、中国—中亚—西亚经济走廊的必经之地。

表 0-7　2022 年六大经济走廊沿线受恐怖主义影响
最严重的五个国家的历史排名变化情况

国家	2011 年	2012 年	2013 年	2014 年	2015 年	2016 年	2017 年	2018 年	2019 年	2020 年	2021 年	2022 年
阿富汗	3	3	3	4	3	3	2	2	1	1	1	1
叙利亚	20	4	4	5	6	7	7	8	6	5	6	5

国家	2011年	2012年	2013年	2014年	2015年	2016年	2017年	2018年	2019年	2020年	2021年	2022年
巴基斯坦	2	2	2	2	4	4	5	5	5	8	10	6
伊拉克	1	1	1	1	1	1	1	1	2	2	2	7
缅甸	17	21	24	29	39	42	40	42	23	24	9	9

2016 年至今，随着反恐的推进，全球因恐怖主义死亡的人数出现了大幅下降，其中中东北非地区最为明显，全球反恐形势出现一定改观，但是部分走廊建设仍面临很大的恐怖主义风险。不同地区的恐怖主义态势出现了较大变化，恐怖主义高发地从中东地区转移到南亚。2019 年，南亚和撒哈拉以南非洲因恐怖袭击致死人数超过全球的80%。这都显示中巴经济走廊建设面临的安全局势十分严峻。此外，在缅甸等国，由于政局动荡，反恐形势也不容乐观。

四、六大经济走廊建设的合作领域与重点研究

(一) 基建合作

基础设施是全球经济增长的重要支撑。经过数十年的发展，亚洲尽管在基础设施建设方面取得了显著成就，但在人口快速增长和新兴技术迅速发展的背景下，基础设施的缺口仍然巨大。亚洲开发银行（以下简称亚开行）报告《满足亚洲基础设施建设需求》中显示，2016—2030 年亚洲基础设施建设需投资 26 万亿美元，即每年 1.73 万亿美元。据亚开行测算，当前亚太地区每年基础设施建设投资预计为8 810 亿美元，这意味着亚洲年度基础设施建设投资缺口为 8 500 亿美元。即使不考虑气候变化减缓及适应成本，年度投资需求降至每年1.5 万亿美元，也有 6 800 亿美元的缺口。欧洲也存在较大的基础设施缺口。据国际货币基金组织（IMF）2020 年 9 月发布的报告，中欧、东欧及南欧国家要想在 2030 年前填补 50% 的基础设施缺口，需

要每年投资其 GDP 的 3% ~ 8%。中国在基建技术、设备原材料、劳动力、资金等方面都具有比较优势,与沿线国家的互补性很强。中国可以联合有意愿的发达国家、国际和地区金融机构,在六大经济走廊沿线国家开展高标准、透明、绿色且负担得起的基础设施建设。

(二) 产业合作

产业是经济之本,产业合作是"一带一路"建设的根基。在六大经济走廊沿线开展产业合作,既有供给优势,也有需求基础。供给层面,中国是全世界唯一拥有联合国产业分类中全部工业门类的国家,220 多种工业产品产量居世界首位,制造业竞争力位居全球前列(见表 0-8)。与走廊沿线国家相比,中国在产业发展方面拥有技术、人才、资金和管理优势。沿线国家则在土地、自然资源、劳动力成本等方面比中国更有优势。需求层面,走廊沿线国家多处于工业化前中期,亟须引进各类中低端产业,大力开展工业化。中国面临劳动力成本持续上升、环境约束不断强化的制约,部分产业有向外转移的需求,推进产业升级迫在眉睫。而且,在中美贸易摩擦持续的背景下,企业为规避高额关税需要加大对外投资。

表 0-8 六大经济走廊沿线部分国家 2018 年制造业竞争力排名

国家	排名
中国	2
波兰	22
马来西亚	23
泰国	24
匈牙利	27
罗马尼亚	31
俄罗斯	32
越南	38
印度尼西亚	39
印度	42

国家	排名
白俄罗斯	47
希腊	49
保加利亚	54
塞尔维亚	62
哈萨克斯坦	68
乌克兰	69
波黑	80
巴基斯坦	82
乌兹别克斯坦	92

资料来源：联合国工业发展组织《2020年版全球制造业竞争力指数》。

　　与六大经济走廊沿线国家开展产业合作，不仅有利于为我国产业发展拓展新的更大的空间，也有利于加速形成以国内大循环为主体、国内国际双循环相互促进的新发展格局。从国际和地区层面来说，近年来全球产业链和供应链开始大规模调整和重构，新冠疫情加快了这一进程。2017年，"一带一路"沿线国家的区域内贸易占全球贸易的比重已达13.4%，成为仅次于欧盟的全球第二大贸易板块。中国贡献了"一带一路"沿线中间品进口份额的36.3%，已成为构建沿线国家间产业链合作网络的中流砥柱。深化走廊沿线产业合作，有利于推动沿线国家和地区形成新的互利合作关系，提升以中国为首的东亚地区在全球供应链中的地位。

　　产业合作的具体内容十分广泛，包括对走廊沿线国家的直接投资，推进在沿线国家的国际产能合作和第三方市场合作，与沿线国家共建合作园区和跨境经济合作区，加强与沿线国家在数字经济等新业态、新领域的合作等，推动形成普惠发展和共享发展的产业链、供应链、服务链、价值链，为沿线国家加快发展提供新的动能。

(三)贸易领域合作

共建"一带一路"近十年来,中国与沿线国家在贸易畅通领域的合作取得了突出成就,但也存在一些问题,亟待加强和深化合作。

一是贸易合作潜力有待进一步挖掘。2020 年,中国与"一带一路"沿线国家货物贸易额同比增长 0.7%,低于同期中国整体贸易额 1.5%的增幅。从贸易地理分布上看,表现极不均衡:在六大经济走廊 59 个国家中,2020 年中国与前十大贸易国的贸易额占 73.5%,中国—中南半岛经济走廊的贸易额占 45.2%。相比之下,与中东欧国家的贸易额仅占 2020 年中国与"一带一路"沿线贸易总额的 7.7%。这表明中国与六大经济走廊沿线国家的贸易潜力十足,有待进一步深入挖掘,要继续扩大与"一带一路"沿线国家的双向贸易,特别是增加进口优质产品。

二是新亚欧大陆桥、西部陆海新通道等贸易新通道的地位仍不够突出。中欧班列运送货物货值占中欧货物贸易的比重近年来快速提升,但 2020 年的占比仍只有 7%。西部陆海新通道的建设处于起步阶段。新冠疫情造成全球海运市场运力紧张,"一舱难求""一箱难求"的现象频频发生。抛开疫情因素,从地缘政治角度考虑,中国的海上生命线安全十分脆弱,需要大力强化陆上运输大通道的建设,提高运输能力和效率。

三是需要加快建设六大经济走廊沿线的高标准自由贸易区网络。当前国际上自贸协定发展蓬勃,我国已与 26 个国家和地区达成了 19 个自由贸易协定。具体到六大经济走廊,我国与 13 国达成了 7 个自贸协定,与多数国家都没有自贸安排。接下来要加快和六大经济走廊沿线国家商签自贸协定的进程。同时,要积极发展跨境电商等新业态、新模式,推动在走廊沿线建设海外仓。

（四）数字化转型与合作

"数字丝绸之路"[①] 存在巨大的数字增长潜能，有待释放。全球正处于新一轮科技及产业革命爆发期，信通院数据显示，2019 年全球数字经济平均名义增速为 5.4%，高于同期全球 GDP 名义增速 3.1 个百分点。联合国贸易暨发展会议数据显示，2019 年全球数字服务贸易（出口）规模达到 31 925.9 亿美元，逆势增长 3.75%，增速超过同期货物贸易和服务贸易，占全球贸易比重上升至 12.9%。新冠疫情加速了全球数字化转型，"一带一路"沿线国家和地区也面临着打破发展失衡、弥补"数字鸿沟"、实现数字化转型的历史机遇。

目前，"一带一路"六大经济走廊区域大部分仍处于数字经济发展的起步阶段。东盟作为"一带一路"核心区，虽然已成为重要的全球经济体，但仍不是关键的数字经济体。近年来，东盟为改变数字经济落后的现状，东盟各成员国加强在"智慧城市"、移动支付、5G、远程医疗等方面的布局，并制定"第四次工业革命综合战略"，加快推进经济社会数字化转型，促进数字经济互联互通。据预测，东盟国家数字经济占国内生产总值的比重将从 2015 年的 1.3% 提高到 2025 年的 8.5%。有专家指出，中国和东盟地区不断深化数字经济合作，将有力地促进东盟数字化转型，加快地区经济复苏和发展。但东盟各成员国之间的经济发展水平不一，数字经济发展的基础差异较大。总体来看，表现为数字经济价值仅占区域 GDP 的 7%，远低于美欧日中的同类指标。不过将来在为 RCEP 以及区域一体化持续深化的大背景下，得益于经济增长潜力巨大、人口红利颇丰等积极因素，东盟整体的数字经济增长潜力逐步释放。我国数字红利转化为"一带一路"区域红利空间巨大。

"数字丝绸之路"有望成为全球新的数字经济与贸易枢纽。新一代

---

① "数字丝绸之路"由习近平主席在首届在"一带一路"国际合作高峰论坛开幕式上提出，"我们要坚持创新驱动发展，加强在数字经济、人工智能、纳米技术、量子计算机等前沿领域合作，推动大数据、云计算、智慧城市建设，连接成 21 世纪的"数字丝绸之路"。

信息技术与数字基础设施的广泛普及，特别是物联网、边缘计算、5G技术的广泛应用，为提升数字生产力开辟了广阔空间。根据全球市场研究机构 Markets and Markets 的预测，全球云计算市场规模有望从2020年的3 714亿美元增长到2025年的8 321亿美元，年复合增长率将达到17.5%。数据显示，2016年以来，中东和非洲的云计算流量增长率最高（35%），其次是亚太、中欧和东欧（29%），“一带一路”将是重点增长区域。随着中国—东盟等重点区域数字贸易枢纽中心启动建设，以及未来中国与沿线各国的过境运输、仓储物流、往来贸易更加频繁，通过对商流、物流、信息流、资金流的有效整合，供应链服务将有助于提高物流效率、降低物流成本。例如，中国已与世界200多个国家600多个主要港口建立了航线联系，海运互联互通指数保持全球第一。因此，其巨大的市场开发潜力使中国成为全球数字经济最具潜力的地区之一，并有望成为全球新的数字经济和数字贸易枢纽。

　　我国是全球数字经济大国，近年来数字经济发展进入快车道（见图0-6）。2020年，我国数字经济规模达到39.2万亿元，占GDP比重为38.6%，同比名义增长9.7%，由2005年的14.2%提升至2020年的38.6%。2014—2020年，我国数字经济对GDP增长始终保持在50%以上的贡献率，成为驱动经济增长的关键核心力量。据预测，到2023年，

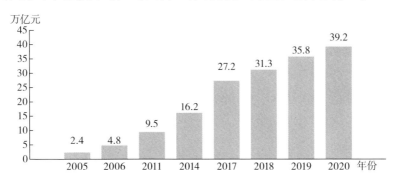

图0-6　我国数字经济规模呈快速增长态势

资料来源：中国信息通信研究院。

我国 51.3% 的 GDP 将与数字经济直接或间接产出相关。在跨境电子商务方面,我国更具有先发优势。2018 年 10 月,我国牵头编制并发布了《世界海关组织跨境电商标准框架》,这是全球跨境电商监管服务领域首个指导性文件。

(五)规则和标准对接合作

西方国家试图制定有利于其自身的规则和标准以"规锁"中国。2017 年 12 月到 2020 年 1 月,美欧日举行了七次三方贸易部长会议,聚焦第三国非市场导向政策带来的不公平竞争问题,以及电子商务和数字贸易、WTO 改革等议题。三方的做法实质上就是针对中国,在经贸领域改革不利于西方的既有规则,就新议题协调形成反映西方利益的规则,形成遏制中国的经贸规则体系。2021 年 3 月,拜登政府发布的《临时国家安全战略指南》指出,"将牵头制定合作规范,在新兴技术、航天、网络空间、健康与生物、气候与环境、人权等领域取得新协议",以便"绕过中国与其他国家一起制定新的全球协议"。

在 WTO 改革、电子商务、数字贸易、5G、网络安全、公共卫生、气候变化、航空航天、ESG 等领域,中国要积极联合包括六大经济走廊沿线国家在内的广大国家,揭露西方国家做法对发展中和新兴市场经济体的危害,积极宣传中国主张,形成自身的"规则朋友圈"。

(六)人文交流合作

民心相通作为"五通"之一,是"一带一路"建设的社会基础和民意保障。民心不通必然导致猜忌甚至对抗,损害"一带一路"项目形象,干扰"一带一路"建设进展。当前,增进中国与六大经济走廊沿线国家的民心相通面临如下障碍:一是美西方抹黑"一带一路"和中国,使"一带一路"建设面临巨大的地缘政治风险和安全风险。二是企业等主体在海外过于看重商业利益,对于环境、社会和治理领域(ESG)的表现缺乏足够敏感度,投入相对不足。三是宣传领域工作不到位,国际传播话语权缺失，没能讲好中国故事、传递中国声音。其中也包括语言障碍。"一带一路"沿线的 65 个国家使用的官方语言包含汉语在内一共有 54 种，语言的多样性对相互加强沟通造成了一定阻碍。

人文交流合作是实现民心相通的重要渠道。消除误解和偏见，化解敌意、仇视和嫉妒，汇聚各方力量致力于高质量共建"一带一路"，迫切需要强化中国与六大经济走廊沿线国家的人文交流，做好人文交流工作的顶层设计，理顺人文交流的体制机制，扩大人文交流的覆盖面，创新人文交流的形式，确保人文交流能够真正深入人心。

（七）金融合作

资金融通是共建"一带一路"的重要支撑，具体表现为金融领域的合作。近年来，六大经济走廊沿线国家和地区的金融合作取得了巨大成就，但同时也面临一定的障碍和问题。一是美欧主要央行为应对新冠疫情实施大规模量化宽松货币政策，造成走廊沿线国家货币严重贬值，资本市场波动加剧，通胀风险高企，外资流入减缓，资金供应受到影响。二是受新冠疫情影响，沿线项目还款压力增大，部分国家提出缓债或免债诉求。三是沿线国家金融领域规则标准不一致，金融市场和金融基础设施的发展水平存在很大差别，影响了合作深度和质量。

面对严峻形势，走廊沿线国家必须要加强金融合作。第一，加强货币政策沟通协调。走廊沿线国家要发出共同声音，呼吁美欧主要央行采取负责任的货币政策，降低政策的外溢风险。第二，以走廊沿线国家为重点，加快推进人民币国际化。当前，人民币在 SDR 中的份额为 1.95%，在全球外汇交易中所占份额为 4.3%，在主要国际支付货币市场中所占份额为 1.76%，与我国作为全球外贸第一大国的地位极不相称。要在进一步扩大与走廊沿线国家和地区人民币互换和清算安排的基础上，推动中国与沿线的贸易和投资尽可能以人民币计价、结算和储备。支持走廊沿线国家的政府、企业、金融机构在华发行债券等金融产品。第三，加强与走廊沿线国家在数字货币方面的合作。第四，推动金融基础设施跨境互联互通。第五，深化走廊沿线国家金融机构间的股权和业务合作。吸引走廊沿线国家和地区金融机构在华设立法人或分支机构。鼓励并支持亚投行、新开发银行与走廊沿线国家和地区加大投融资领域的战略合作。

（八）应对气候变化和绿色转型发展合作

气候变化是当今全人类面临的最紧要问题之一。德国非营利性组织Germanwatch 发布的 2021 年《全球气候风险指数》报告显示，2000—2019 年，全球超过 47.5 万人因极端气候事件而丧生，超过 1.1 万起极端气候事件直接造成 2.56 万亿美元的经济损失（按购买力平价计算）。相对来说，贫穷国家和地区的抗灾能力较弱，受灾影响更大，这 20 年间遭受气候灾难排名前十的国家包括缅甸、孟加拉国、巴基斯坦、泰国4 个位于六大经济走廊上的国家。麦肯锡的报告《亚洲的气候风险与应对措施：研究预览》表明，气候变化对亚洲的冲击可能会超过许多其他地区，到 2050 年亚洲平均每年将有 2.8 万亿～4.7 万亿美元的 GDP面临威胁。

因此，绿色转型成为"一带一路"共建国家的发展诉求和共同理念。生态环境和气候变化国际合作是"一带一路"建设可持续发展的重要切入点。2016 年 3 月，澜沧江—湄公河合作首次领导人会议发布《三亚宣言》，提出保护水资源是合作的五个优先领域之一，并鼓励可持续与绿色发展，加强环保和自然资源管理，持续、有效地开发与利用清洁能源等。近年来，中国已与全球 100 多个国家和地区开展广泛的能源贸易、投资、产能、装备、技术、标准等领域的合作，与一些国家和大型跨国公司开展清洁能源领域的合作，并与"六大经济走廊"相关国家积极开展水电、风电、光伏、核电等清洁能源项目及储能项目，可再生能源项目投资合作。

（九）反恐领域合作

当前，全球反恐领域面临以下几个方面的突出挑战：

第一，塔利班在阿富汗重新掌权，其能否履行诺言与所有恐怖组织彻底切割仍有待观察和检验。塔利班在美国撤军后再次掌权，但考虑到阿富汗大部分地区长期处于无政府主义的动乱状态，境内活跃着大大小小数十个极端组织和武装组织，塔利班与这些组织一直存在千丝万缕的复杂联系，掌权后的塔利班是否有坚定的意愿和足够的能力实现与恐怖主义和恐怖组织的切割、震慑遏制境内的恐怖势力仍存一定的不确定性。由于阿富汗处于连接中国、中亚、南亚和西亚的地缘枢纽地位，一旦阿富汗局势失控，将对全球反恐形势产生灾难性的影响。

第二，作为全球反恐的领导者，美国将重心从反恐转向以应对中国为核心的大国竞争，将对全球反恐产生不利影响。美国向来在反恐问题上奉行"双重标准"，美国前国务卿蓬佩奥曾于 2020 年 10 月宣布撤销此前将"东伊运"认定为恐怖活动组织的决定，正是为了借新疆问题干预和遏制中国。拜登政府匆忙从阿富汗撤军，目的在于集中精力和资源应对中国。这势必导致美国对在美国以外地区反恐的重视程度和资源投入下降。

第三，持续的新冠疫情使国际反恐形势更趋复杂、严峻。一是面对严峻且不断反复的疫情，各国不得不投入大量人力、财力、物力做出应对，使得用于反恐的资源减少。二是疫情期间恐慌、谣言和社交隔离给人们造成了各种心理和认识问题，极端情绪在社交媒体上广泛传播，滋养了恐怖主义生长的土壤。

面对这种情形，六大经济走廊沿线国家迫切需要加强团结，合作打击各类恐怖组织，维持阿富汗、缅甸等国稳定，避免其陷入政治动荡，从而沦为恐怖分子的天堂。要秉持真正的多边主义，旗帜鲜明地反对在反恐问题上的"双重标准"，反对将反恐政治化、工具化。要平衡好新冠疫情防控和反恐之间的关系，不给恐怖分子以可乘之机。

（十）脱贫领域合作

六大经济走廊沿线国家和地区，受自然条件、历史原因和内外政策等多方面因素影响，拥有大量的贫困人口。受新冠疫情、通货膨胀和乌克兰危机的影响，全球极端贫困人口大量增加。2022 年 4 月，世界银行估计 2022 年的全球极端贫困人口将在 6.57 亿至 6.76 亿之间，比大流行之前预测的数值多出 7500 万（基准情形）至 9500 万（悲观情形）。其中，东亚和太平洋地区极端贫困人口将增加 640 万（基准情形）至 860 万（悲观情形），欧洲与中亚地区将增加 80 万（基准情形）至 110 万（悲观情形），中东与北非地区将增加 820 万（基准情形）至 880 万（悲观情形）（见图 0 - 7、图 0 - 8）。

中国是拥有 14 亿人口的最大发展中国家，基础差、底子薄，发展不平衡，长期饱受贫困问题困扰。在中国共产党的领导下，改革开放以来，按照现行贫困标准计算，中国 7.7 亿农村贫困人口摆脱贫困；按照世界银行国际贫困标准，中国减贫人口占同期全球减贫人口 70% 以上。在减贫领域，中国拥有值得走廊沿线国家借鉴的经验，沿线国家有对脱贫的强烈渴望和诉求，要继续加强减贫经验的分享交流，实施更多惠及民生的国际减贫合作项目，与六大走廊沿线国家携手推进国际减贫进程，为构建没有贫困、共同发展的人类命运共同体做出更大贡献。

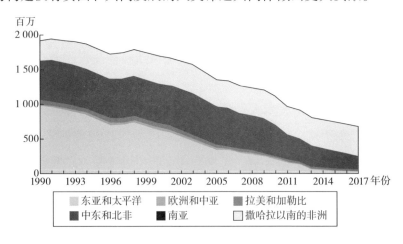

图 0 - 7 极端贫困线以下的人口数量

资料来源：世界银行。

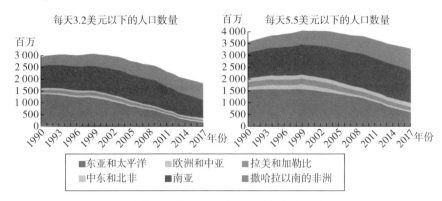

图0-8 中等偏低收入贫困线和中等偏高收入贫困线

资料来源:世界银行。

五、高质量推进六大经济走廊建设与国际合作的建议

六大经济走廊是共建"一带一路"的重要基石,也是突破美西方国家战略围堵的关键区域,面对来自大国地缘博弈的围堵压力,中国需要保持战略定力,继续坚守"一带一路"促进共同发展、合作发展、共赢发展的初心,针对后疫情时期国际经贸、金融等领域的形势变化,对"一带一路"六大经济走廊合作进行必要的调整和完善,更加重视落实高质量发展的原则和要求。

(一)根据六大经济走廊发展特征采取差别化措施

六大经济走廊各个国家异质性强,各国政治状况、经济能力和开放程度等都存在很大差距,要根据各经济走廊内国家发展实际,采取差别化措施推动资源向重点国家倾斜。在产业合作方面,应"因地制宜""因廊施策"。

一方面,面向新亚欧大陆桥经济走廊、中国—中南半岛经济走廊、中国—中亚—西亚经济走廊,发挥区域优势开展国际合作。目前覆盖区域较广的经济走廊中,新亚欧大陆桥、中国—中南半岛区域贸易关系比较紧密,而中国—中亚—西亚还没有形成紧密的贸易关系。新亚欧大陆桥经济走廊沿线国家制造业水平相对较高,中国与欧洲国家优势产业与中国可以形成优势互补,在汽车、工业机械制造等领域都有较强的合作潜力。因此,在此区域的制造业国际合作应以这些高附加值的资本技术密集型为主,如在中欧地区进一步加大汽车产业研发和组装生产合作,带动"一带一路"沿线国家经济发展。中国—中南半岛经济走廊沿线的东南亚国家制造业发展水平差距较大,新加坡、马来西亚、泰国在资本技术密集型产业方面具有一定的优势,而越南、老挝、柬埔寨的制造业水平较低,且优势产业还集中在初级产品和劳动密集型产业。需要充分发挥各国产业优势,与劳动密集型国家和农业优势型国家合作时,应加大对具有优势的初级产品相关产业的投资,进行制造业升级;与资本技术密集型国家合作应加强产业链协同,推动相关配套产业和制造技术的发展。中国—中亚—西亚经济走廊沿线国家较多,主要优势产业还是集中于能源资源。因此,可分阶段、分步骤、分层次地推进中国—中亚—西亚经济走廊建设,选择要素禀赋互补的典型国家进行制造业合作,优势互补、共同发展,形成示范效应。

另一方面,面向中巴经济走廊、孟中印缅经济走廊、中蒙俄经济走廊,聚焦各国优势产业开展国际合作。目前,在"一带一路"沿线国家较少的三条经济走廊中,中巴经济走廊:中国与巴基斯坦合作关系紧密;孟中印缅经济走廊:中国、印度和缅甸关系比较紧密,孟加拉国则游离于经济走廊之外;中蒙俄经济走廊:中国与俄罗斯关系相对密切,但三国间特别是与蒙古国尚未形成密切的贸易关系。中国与巴基斯坦一直是战略友好合作关系,巴基斯坦的优势产业集中于劳动密集型的纺织服装产业。巴基斯坦拥有廉价的劳动力,中国拥有丰富的发展经验和技术,劳动密集型行业可以成为与巴基斯坦制造业重点合作领域。在孟中印缅经济走廊沿线国家中,印度在部分服务业和医药等领域具有一定优势,且具有较强的科技研发能力,中印除在劳动密集型产业外,在信息技术、电子等高技术领域也存在较大的合作空间。在中蒙俄经济走廊中，制造业合作应从优势产业出发，使合作向深层次和多元化发展。与俄罗斯不仅要在资源能源方面深化合作，还需要积极加强重工业等领域制造业的合作，发挥其重工业基础实力。

（二）识别并优先解决六大经济走廊的重点薄弱环节

"一带一路"六大经济走廊建设应优先考虑基础设施网络中的现有差距或薄弱环节。投资应优先考虑公路、铁路和信息网络最薄弱的地区。这些投资应与新的贸易协议及其他协议的谈判以及改善服务提供监管和政策框架相结合。识别出可以优先发展的一系列环节，特别是中国—中亚—西亚经济走廊以及孟加拉国、中国、印度和缅甸经济走廊。与此同时，"一带一路"走廊建设应以新的合作协议来配合。边境以及各国跨境合作的能力会影响互联互通。通过谈判特定走廊沿线国家之间的新协议，可以减少边境的"厚度"。谈判新的贸易协议是"一带一路"不可或缺的一部分，在某些情况下比建设新的硬件基础设施更加重要。

（三）促进六大经济走廊（新型）基础设施互联互通

加快基础设施特别是新型数字基础设施互联互通。依托"中国—东盟信息港"核心节点资源，用足用好"中国—东盟信息港"项目库，强化与东盟在通信、互联网、卫星导航等领域的合作。积极共享数字基础设施建设经验，弥合六大经济走廊数字基础设施鸿沟。利用我国在人工智能技术应用及5G网络标准研发等方面的优势，引导和支持中国企业更多地参与六大经济走廊数字基础设施建设，拓宽在物联网、智能互联、5G等领域的合作范围。加快六大经济走廊沿线国家和地区的电网、水利、公路、港口以及铁路等传统基础设施与互联网、大数据、人工智能等新一代信息技术的深度融合，积极推动智能电网、智能水务、智能交通、智能港口等建设。

（四）全力推动构建六大经济走廊区域价值链

随着中美博弈加剧、逆全球化以及贸易保护主义态势趋强，主要经济体都在推动全球价值链"高端回流",特别是拜登政府将在特朗普政府的基础上加速"脱钩"进程。拜登提出政府部门对国防、卫生、信息技术、交通、能源、农业六大领域的供应链进行长期评估,并建立4年一次的供应链评估审查机制,其旨在"重塑"全球产业链、价值链,这会加速全球价值链向区域价值链转变。因此,亟待构建以我国为主的区域价值链,积极推动六大经济走廊产业及创新合作,加强与科技较发达国家和地区核心技术的联合攻关和研发,促进高质量生产要素资源创新集聚和高效配置,增强产业链、供应链韧性,打造供应链协同、产业链共享的融通发展模式,强化区域乃至全球价值链的主导权。

(五) 加快推进六大经济走廊贸易一体化发展

加快推进六大经济走廊沿线国家双(多)边自由贸易区建设。目前,"一带一路"沿线已启动了中国—东盟、中国—新加坡、中国—巴基斯坦等一批双(多)边自由贸易区,对推动沿线各国经济合作发展发挥了重要作用。与此同时,RCEP已经达成,2022年1月1日正式生效。因此,当前六大经济走廊沿线各国应积极推进各类双(多)边自由贸易区建设,已签署协定并启动的双多边自由贸易区可结合各国国情努力打造升级版,进一步提升开放程度;正在谈判的自由贸易区协定应积极加快谈判进程,必要时可考虑创新谈判规则,推动尽早达成关键共识和早期收获;共同开展一批新的双(多)边自由贸易区谈判,推动各国与主要经贸合作伙伴自由贸易区建设等。

六大经济走廊贸易规则衔接要着眼长远,面向高标准贸易规则的发展大势,使六大经济走廊成为开放型世界经济、贸易自由化的重要平台。要积极推动降低关税和削减非关税壁垒,提高技术性贸易措施透明度,提升贸易便利化水平。在通关方式、单一窗口、信息系统、数据共享、单证设计、查验制度、作业流程等方面形成相互衔接的统一规则。落实好已签署的共建"一带一路"合作文件,大力推动与共建"一带一路"国家和地区商建贸易畅通工作组、电子商务合作机制、贸易救济合作机制，推动解决双边贸易领域突出问题。推动六大经济走廊沿线国家和地区进一步加强国际电商合作，在电子商务标准、通关、物流、支付等方面建立合作机制。

（六）积极探索六大经济走廊跨境电子商务等新业态合作

利用跨境电子商务等领域的先发优势主动引领跨境电子商务国际规则制定，不断提升国际规则话语权，加快推动六大经济走廊跨境电子商务国际规则的建立。六大经济走廊沿线国家和地区在进出口关税、物流运输、包裹放行、知识产权保护、征信体系等方面存在明显差异，加快统一规则的建立是各方发展的当务之急。应以世界海关组织《跨境电商标准框架》为基础，在六大经济走廊沿线国家和地区进一步拓展世界电子贸易平台（eWTP）建设，形成广泛适用的 eWTP 标准化规则体系。重点选择具备条件的 eWTP 海外市场，并将其打造成"一带一路"重要贸易平台和贸易枢纽。

（七）加快打造一批示范性项目，努力防范和化解各种可能风险

要切实将"合作共赢"原则贯彻于共建行动，加快打造一批示范性项目。选择条件较为成熟的地区与项目先行先试，摸索、总结经验，打造示范工程，引领后续发展合作，是中国实现快速稳妥发展的宝贵经验。在六大经济走廊建设中，围绕走廊核心合作领域，以互利共赢为出发点，先期启动一批示范性、带动性强的项目，精心设计，稳妥推进，确保成功，既有利于增强各方信心，也可避免走弯路，降低试错成本。项目即使失败，也可把损失控制在可承受的范围内，及时吸取教训，采取措施，避免造成更大损失。经济走廊建设项目推进中，可能存在的风险既包括安全风险，也包括经济风险。多数风险是可控的、可防范的，关键是是否有清醒的认识和充分的准备，以及防范风险的能力和防范风险合作的成效。要深入系统地研究风险管控问题，既要从宏观环境上，又要从具体项目上深入论证各种可能的安全风险及其规避、化解途径。

要制定切实可行的风险防范方案,建立风险预警和处置机制以及针对性风险防范机制。

(八) 积极推进六大经济走廊第三方合作,推动"一带一路"高质量发展

第三方市场合作是高质量共建"一带一路"的重要方向,不仅可以对冲以美国为首的西方国家的战略围堵,也可以引导和撬动美欧国家参与"一带一路"建设。例如,日本、意大利、英国、德国等国家都参与"一带一路"建设,无论是直接还是间接,国家行为还是企业行为,都有助于打破美国构建反"一带一路"同盟的企图。应加强合作双方的政治对话和协调,强化共同利益和经济效益的原则,用好已有机制,扩大合作范围,引导企业通过联合投标、共同投资等多种方式开拓新市场,实现优势互补。同时,也要降低东道国的战略疑虑,提升其合作意愿,应深切认识到经济增长对于消除贫困、改善人权以及维护地区稳定等方面的关键性意义。因此,须努力向东道国进行战略"释疑",消除东道国在战略上的担忧与疑虑,尊重东道国的政治抱负及其在构建地区秩序中的努力与贡献,以点带面,实现区域经济协同发展,为六大经济走廊沿线各国和地区提供更多开放、透明且高质量的经济合作。2019 年 9 月 3 日,国家发展改革委发布《第三方市场合作指南和案例》,通过提供可参考的具体案例,更好地服务于中外企业开展第三方市场合作,以"解剖麻雀"的方式,列举了产品服务类、工程合作类、投资合作类等 5 个类别 21 个案例。六大经济走廊沿线国家和地区合作开发第三方市场,不仅有助于开发国优势互补、进一步拓展经贸市场,也有助于帮助第三方国家提升发展水平。中国应积极开展与发达国家合作,将资金、技术、人才、装备等要素流向腹地地区,帮助六大经济走廊国家提升经济发展水平。

专题一

中蒙俄经济走廊建设研究

中蒙俄经济走廊作为"一带一路"倡议的重要组成部分，旨在推动"一带一路"倡议同俄罗斯的"欧亚联盟"倡议、蒙古国的"草原之路"倡议实现对接，为三国深化务实合作搭建顶层设计平台，以便发挥三方的潜力和优势，建设和拓展互利共赢的经济发展空间，推动地区经济一体化，提升三国在国际市场上的联合竞争力。

一、中蒙俄经济走廊建设的进展与现状

（一）倡议的提出与相关协议的签署

2014 年 9 月 11 日，中国、蒙古国、俄罗斯三国领导人在出席上海合作组织杜尚别峰会期间举行首次会晤。三方一致同意在中蒙俄经济走廊框架下深化合作。自此，中蒙俄经济走廊建设得到三国官方的认可，成为共建"一带一路"重要区域之一。2015 年 3 月，中国国务院授权发布《推动共建丝绸之路经济带和 21 世纪海上丝绸之路的愿景与行动》白皮书，明确提出建设"中蒙俄经济走廊"这一概念，并签署了《关于建设中蒙俄经济走廊规划纲要的谅解备忘录》，批准了《中俄蒙发展三方合作中期路线图》。2016 年 6 月，中俄蒙三国元首在上海合作组织塔什干元首峰会期间举行第三次会晤，共同见证了《建设中蒙俄经济走廊规划纲要》的正式签署。《建设中蒙俄经济走廊规划纲要》可以被视为共建"一带一路"的重要早期收获，意味着共建"一带一路"首个多边经济合作走廊正式落地。2018 年 6 月，中蒙俄三国领导人举

行第四次会晤,共同规划未来优先任务和合作方向。

从经济走廊建设进展来看,由于中蒙俄经济走廊规划设计出台较早,政治互信度较高,侧重口岸建设与能源合作,取得了一系列重要成果。例如,满洲里综合保税区正式实现封关运营,策克口岸跨境铁路通道项目、中蒙"二连浩特—扎门乌德"跨境经济合作区启动建设。这些项目相继开工实施,使得中蒙俄经济走廊成为六大经济走廊中见效较早、示范性较强的经济走廊。

(二)经贸合作规模不断扩大

中蒙俄之间经贸发展形势良好。中国是俄罗斯和蒙古国的第一大贸易合作伙伴,俄罗斯是蒙古国的第二大贸易合作伙伴。中蒙俄经济合作互补性强,潜力巨大。三国在资金、资源、技术及市场等方面各具优势。中国商务部数据显示,2022 年中俄双边贸易额达到创纪录的1902.71 亿美元,同比增长 29.3%,再创历史新高,中国连续 13 年稳居俄罗斯第一大贸易伙伴国地位,俄罗斯继续保持中国第九大贸易伙伴国地位。2021 年,中国在俄罗斯新签工程承包合同额连续三年超过 50亿美元,完成营业额 56 亿美元,创历史新高。2021 年,中蒙双边贸易额达到 100 亿美元。中国连续 18 年成为蒙古国第一大投资来源国和贸易伙伴国,中蒙贸易总额占蒙古国外贸总额的 60%以上。2022 年 1—11月,蒙古国在中国对外承包工程新签合同额中排名第十。

中蒙俄跨境电商发展势头良好。商务部数据显示,2021 年前 11 个月,中俄跨境电商贸易额增长了 187%。阿里巴巴在俄罗斯设立的合资企业速卖通俄罗斯自 2019 年 10 月正式成立以来快速发展。速卖通官网显示,2021 年的总营业额达到 42 亿美元,同比增长 46%,总订单量超过 3 亿笔,同比增长 20%以上。同时,尽管蒙古国跨境电商处于发展的初级阶段,但总体而言,中蒙跨境电商保持比较好的增长态势。

(三)三国地方合作取得积极进展

近年来,中俄两国地方合作机制在逐渐完善和加强。中国东北地区和俄罗斯远东及贝加尔地区政府间合作委员会高效运行，广东、浙江和江苏等省份积极参与合作。黑龙江、广东、俄罗斯阿穆尔州三方省州长举行视频会晤，建立"两国三地"合作新模式，推进对俄高质量合作。黑龙江与俄罗斯远东毗邻 5 个州区建立了省州长定期会晤机制。截至2020 年 11 月，中俄友好和平与发展委员会地方合作理事会包括 17 个中方成员单位和 68 个俄方成员单位，增进了中俄民间友好，促进了各领域务实合作。黑龙江联合俄罗斯阿穆尔州、伊尔库茨克州、滨海边疆区等 8 个州（区），搭建了中俄地方间体育交流合作框架，举办了两届中俄区域间体育交流合作会议。连接中俄两国边境的同江铁路桥、黑河公路桥已经合龙，后续建设也在积极推进。连通两国边境城市黑河与布拉戈维申斯克的跨境索道项目——"黄金一英里"，俄方一侧已经开工。中蒙两国地方合作机制同样在不断加强和丰富。2017 年，中国内蒙古自治区三盟市与蒙古国三省区域合作会议召开。2019 年 8 月，中国内蒙古自治区三盟市与蒙古国东部三省区域合作举行第五次会议。内蒙古深化与俄罗斯、蒙古国在艺术演出、人文交流、学术交往、人员互派等领域的交流与合作。2020 年 1 月，内蒙古电力集团与蒙古国南戈壁省正式签署跨国供电协议。

二、中蒙俄经济走廊建设面临的问题、风险与挑战

虽然中蒙俄三国都有加强合作的意愿，各自发展战略存在高度契合性，但仍存在一系列制约中蒙俄经济走廊建设的困难和风险，需要引起各方高度重视。

（一）政治层面的不稳定和变动可能影响合作的推进

1. 国际政治因素

面对中国的快速发展，美国、日本不断提出针对性的政策与中国抗衡，试图削弱中国的地缘政治影响力，这对"一带一路"和中蒙俄经

济走廊深入合作发展提出了严峻挑战。

蒙古国处于独特的地理位置，位于中俄两国之间，由于自身国际政治环境，奉行多支点外交，在与中俄交好的同时，也与美国、日本等国家积极发展关系。蒙古国试图借助美国的经济、技术、资金和军事优势来平衡与中国和俄罗斯的关系，而美国也试图从地缘政治角度利用蒙古国来平衡远东地区及东北亚局势。与此同时，日本也视蒙古国为重要的地缘力量之一。日本与蒙古国之间外交来往频繁，双方的"综合战略合作伙伴关系"得到快速发展。日本通过实施"草根计划"对蒙古国的教育、医疗等领域给予资金支持，加大亲日势力的培植。受美俄和中美关系的影响，蒙古国可能会受到美国的进一步干扰，直接会对"一带一路"建设造成制约。如何在加强合作的同时减少大国博弈带来的不利影响，是深入推进中蒙俄经济走廊建设的重要任务之一。

2. 国内政治因素

从内部政治因素来看，蒙古国国内政治不稳定也是影响国际合作的重要因素。政治不稳定会影响国际合作的推进。苏联解体后，蒙古国开始在政治、外交、经济各方面探讨独立发展，特别是20世纪90年代以来，蒙古国由一党制过渡到多党制政治体制，政党更替和变化给内政外交的政策稳定性带来了影响。

3. 互信不足与战略怀疑

在"政策沟通、设施联通、贸易畅通、货币流通、民心相通"这"五通"中，"民心相通"是基础。中蒙俄经济走廊合作的障碍之一就是三方相互之间缺乏一定的信任。从一定程度上看，受西方舆论鼓噪，在俄罗斯和蒙古国国内，"中国威胁论"依然存在，这也给美西方制衡中蒙俄经济走廊合作带来了空间。俄蒙两国都有一部分人对中蒙俄经济走廊持怀疑态度，认为中国会借此实施扩张战略，担心沦落为中国的经济附庸，因此极力防范。一些非政府组织受到外部力量的鼓动，也在大肆散布并制造不利于中国的舆论，使蒙俄对于三国合作存有疑虑。这是中蒙俄经济走廊建设面临的重大挑战。

（二）经济层面的一系列问题可能影响合作的推进

1. 基础设施薄弱，互联互通水平偏低

基础设施建设是深化推进中蒙俄经济走廊建设的优先方向和重点领域。蒙古国与俄罗斯的基础设施相对发展滞后，对中蒙俄经济走廊建设形成了较大的掣肘。三国边境口岸的基础设施建设水平落后，物流运输效率较低，货物运输规模难以满足经济走廊建设的发展需求。俄罗斯、蒙古国境内的公路、铁路与我国连通不畅，口岸过货能力和效率低下，部分区域严重拥堵。三国间只有一条共同的铁路，那就是从西伯利亚到达二连浩特的单行路线。这条铁路目前担负着对中俄出口运输的任务，并已经超负荷运转，无法满足三国之间日益增加的货运需求。

设施联通资金短缺。从性质来看，基础设施建设项目大都周期长、投入大、回收期长，因此普遍缺乏持续盈利能力，私人资本投资意愿不足。同时，企业融资成本偏高，融资模式相对单一，在境外仍面临"融资难、融资贵"的问题，大多数对俄蒙项目融资都是以能源、资源作抵押的借款为主。

口岸设施不完善，通关效率较低。目前，中蒙二连浩特口岸仅铁路能够实现全天 24 小时通关，而银行、海关等部门都实行 8 小时工作制，造成夜间无法办理通关手续，货物堆积现象较为严重。二连浩特口岸货物平均停留时间达到 14～17 小时，严重影响了货物通关效率。此外，俄罗斯使用卡车向中国运送货物主要通过外贝加尔边疆区进入中国满洲里，目前该线路已经满负荷运行，过境时间达到 2 天，滞留货物现象频发。我国毗邻蒙俄的大多数口岸位置偏僻，经济落后，用于口岸建设的资金严重不足，无法满足口岸经济发展的需要。黑山头、室韦、阿日哈沙特等口岸的基础设施建设相对滞后，与俄蒙口岸基础设施不配套、公

路和铁路不衔接。口岸联检部门缺乏高效的技术手段，削弱了过货通关能力。通关口岸现代化、信息化水平较低，配套不足，管理服务较为粗放，影响了通关和工作效率。边境口岸与腹地尚未建立起快速、高效的交通联系，对货物通关造成不利影响。

由于三国市场发展阶段与市场体系的成熟度不同，在监管体系、法律制度、技术标准方面差异较大，关税、进出口管理、海关通关、跨境运输、检验检疫等方面也存在规则和标准的差异，一些行业还存在不同程度的技术标准壁垒，造成中蒙俄跨境运输、物流及商贸发展严重受限。轨距差异导致列车在中蒙、中俄边境口岸需要重新装卸货物或者更换列车底盘，往往耗时数小时甚至数天。

2. 贸易不对称和不平衡影响合作深入

近年来，中蒙、中俄双边间的贸易结构不平衡、不合理问题也较为突出。中国与俄罗斯、蒙古国之间的贸易往来集中在能源、原材料和矿产资源领域，深加工和高精尖产品占比较低，贸易结构相对单一，贸易合作形式也缺乏创新。

蒙俄两国贸易保护政策限制较多，特别是俄罗斯贸易保护主义严重。2013 年全球贸易预警组织的数据表明，俄罗斯采取限制进口措施的数量达 78 次，占 G20 国家数量的 1/3。俄罗斯实施的各类非关税限制进口的措施达 331 项，占全球贸易保护主义措施数量的 1/5。欧亚经济联盟的最新数据显示，俄罗斯内部有 45 项贸易壁垒。

3. 金融合作存在风险

金融合作方面主要存在两大风险：第一，跨国之间存在一定的金融结算风险。目前，中蒙俄边境贸易结算渠道不畅通，金融资源不足，仍以汇付为主，保理保函业务和信用证业务较少，且俄蒙汇率波动频繁，这些都给中蒙俄经济走廊建设带来了风险。第二，存在一定的信用违约风险隐患。中蒙俄经济走廊建设需要巨额资金，蒙古国和俄罗斯财力有限，需要向银行贷款。但是蒙俄两国无法提供主权担保，项目还款缺乏相应保障。同时，大量项目主要集中于能源、运输等领域，集中度过高，提高了还款难度，这些项目不仅融资成本较高，而且存在信用违约的风险隐患。

（三）文化交流存在不足

"国之交在于民相亲"，当前我国与俄蒙两国的文化交流中，政府是主要推动者和参与者，大部分交流活动由官方组织，每项活动都有特定的参与者，受众面小，各类民间团体、学术机构、企业、个人等进行的文化交流活动少之又少，难以涉及三国民众，使得文化交流在"加强沟通、深化了解"方面未收到预期效果。近年来，虽然与俄蒙多次互办"文化周"、"文化日"、文艺演出、书画展览等活动，对推进"民心相通"起到了积极示范作用，但官方引导带动民间文化交流的力度不够，民间团体参与对俄蒙文化交流支持力度不够，导致一些文化交流活动依然停留于官方层面。

（四）蒙俄软环境对中蒙俄经济走廊建设的制约

1. 蒙古国国内制约经济走廊建设的软环境

首先，蒙古国国内政府的行政效率较低。从蒙古国国内的政治架构来看，三权分立、半总统制、多党制民主，各党派之间的掣肘导致行政效率不高，进而在一定程度上影响了中蒙俄经济走廊合作项目的推进。

其次，蒙古国国内政策的连续性与法律稳定性状况较差。通常情况下，新政府上任会对上届政府未实施的决议进行重新审议，而由于不同政党的政治立场不同，审议的结果往往是否定甚至推翻上一任政府的决议，并重新制定政策。这就造成国家政策和法律频繁变动，带来了极大的政策风险，并严重影响了蒙古国国内的投资环境，也给合作项目带来了较大的不确定性。

最后，蒙古国的社会环境也存在诸多影响走廊建设的因素。蒙古国民众受传统思维的影响，生活节奏慢，缺乏时间观念，缺乏市场经济意识。而且,蒙古族是传统的游牧民族,习惯于逐水草而居,对草原和河流怀有敬畏之心。但是矿产开采极易对草原和河流产生破坏,由此引发的牧民与国外投资方之间的矛盾冲突也成为影响社会稳定的因素之一。

2. 俄罗斯国内制约中蒙俄经济走廊建设的软环境

融资环境方面,俄罗斯部分地区的融资风险较高。例如,俄罗斯远东地区贷款利率高且风险大。远东地区存在垄断经营、融资难、贷款门槛高的问题,信贷机构不足,且大多数行政区的金融被邮政储蓄银行所垄断,资金充裕度仅相当于东北亚国家的1/40。

政府服务方面,俄罗斯海关、税务、外商投资等方面的法规变动较为频繁,导致各行政区颁布或出台的政策经常随国家法律法规而调整、变化。政策的多变性导致经济主体普遍缺乏安全感,对大宗商品或能源原材料等投资周期长、金额大的领域影响尤其明显。

社会环境方面,俄罗斯部分地区的人口流失问题较为严重。以远东地区为例,由于远东地区的自然条件恶劣、经济结构较为单一,居民整体收入水平严重落后于俄罗斯欧洲部分,人口不断流失。自苏联解体以来,俄罗斯远东地区的人口已下降1/4以上。即便在2009—2017年俄罗斯总人口转为正增长的时期,远东地区的人口数量依然在下降。2018—2020年,除萨哈共和国、楚科奇自治区等少数地区以外,俄罗斯远东联邦区的多数联邦主体人口数量都呈负增长,且人口数量减少幅度远超全俄平均水平。作为远东地区人口最多的两个联邦主体,滨海边疆区的人口数量下降1.8%,达187.8万人;哈巴罗夫斯克边疆区的人口数量下降2.0%,达130.1万人。犹太自治州和马加丹州的人口数量下降幅度则分别达3.4%和3.5%。

劳动生产率方面,远东和贝加尔地区的人均劳动生产率远低于俄罗斯整体平均水平,且仅为日本劳动生产率的1/4、美国的1/6、韩国的2/5、澳大利亚的1/5。此外,该地区失业率较高、收入差距较大,此类社会问题也使得该地区成为全俄罗斯社会治安较差的地区。

(五) 自然环境风险

从自然环境来看，中蒙俄经济走廊跨越多个自然带和气候区，生态环境整体较为敏感、脆弱，特别是沿线有广阔的沙漠和冻土地带，对跨境运输和项目建设产生了不利影响。同时，资源过度开采导致生态环境不堪重负，区域环境风险居高不下。俄远东地区总面积621.59万平方千米，地处北纬42°～70°，北部的部分土地在北极圈内。山地约占全区面积的4/5，低地面积较小。大部分地区属于寒带苔原气候和亚寒带针叶林气候，处于永久冻土带。冬季严寒漫长，平均气温为零下三四十摄氏度。远东地区常受干旱风的侵袭，严重影响农作物的生长。沿海地区还常遭受暴风的威胁，堪察加半岛和千岛群岛的最大风力高达40米/秒。从地理位置来看，蒙古国地处亚欧大陆的腹地，整个领土完全与海洋隔绝，是温带大陆性气候最为明显的国家。境内和附近多山的地形阻碍了来自各大洋的潮湿水汽，使得该国的气候极为干旱、降水稀少。据统计，蒙古国大约90%的降水被蒸发。水少加上蒸发量大，使得蒙古国许多土地成为寸草不生、岩石裸露的戈壁地形。蒙古国荒漠化严重，75%左右的土地面积遭受不同程度的荒漠化。严苛的自然环境和气候条件成为中蒙俄经济走廊发展的巨大"瓶颈"。

三、新形势下推进中蒙俄经济走廊建设的合作领域

新冠疫情推动国际政治经济秩序加快重构，地区和世界形势发生深刻演变。在此背景下，从全球层面来看，全球化受挫，产业链中断，地缘政治出现巨大变化。从中蒙俄三国层面来看，一方面，由于受到新冠疫情所造成的经济下滑的影响，各个国家的财政收入，特别是蒙古国和俄罗斯财政收入大大减少，可用于合作的资源有限。另一方面，经济的地区化诉求上升，为合作提供了便利条件。中蒙俄经济走廊不可避免地

受到新冠疫情的影响，但是目前有望在世界上率先克服新冠疫情的东北亚，或将成为启动新一轮区域经济一体化的次地区，而中蒙俄经济走廊建设将是其主要的实现平台之一。新冠疫情虽然使资金、技术、人员受限，进而延缓了中蒙俄许多合作项目，但这次疫情给中蒙俄三国都留下合作的空间，三国边境地区未来合作的内容将会更加丰富。

中蒙俄经济走廊建设危与机并存，疫情中三国之间的关系非常平稳，信任度增强，保持了合作抗疫的基本面与互帮互助的主旋律。目前，中蒙俄依然面临新冠疫情的威胁，加强抗疫合作仍然是重要工作。未来，中蒙俄经济走廊软环境的建设非常重要，首先要在经济互补性方面充分合作，比如，建设煤炭走廊、便利化走廊、数字走廊，加强电子商务、食品产业链、医药等领域的合作等；还要挖掘新领域，提升经济合作的多样性和复杂度，同时，要加强三边层面的制度性和机制性建设。加强民心相通是建设中蒙俄经济走廊的社会基础和取得进展的重要保障。

（一）基础设施建设

设施联通是推动中蒙俄经济走廊建设的先决条件和重要支撑。中蒙俄经济走廊基础设施如果实现互联互通，不仅可以节约运输费用，而且可以缩短运输时间，提高运输的安全性和可靠性。随着中蒙俄经济走廊合作领域的不断拓宽、合作层次的逐步提升，亟须高质量地推进设施联通。推进铁路、油气管道等基础设施建设是深化中蒙俄经济走廊的重要领域。

首先，要完善跨境铁路的对接建设。加快推进牡丹江—俄罗斯符拉迪沃斯托克跨境铁路、"两山"（阿尔山—乔巴山）铁路、绥芬河—俄罗斯格罗捷阔沃等项目建设，加强中俄跨境物流通道互联互通。其次，加快推进公路建设，重点推进东宁、洛古河、黑河等口岸界河公路桥项目建设。最后，加快推动跨国陆港通道建设，充分发挥东北地区港口优势，推进"辽蒙欧""辽满欧""辽海欧"三大通道建设。

（二）经贸合作

中国与蒙古国之间的贸易量占蒙古国总贸易量的 2/3 以上，其中蒙古国对中国出口商品总额占总出口额的 80% 以上，自中国进口贸易总额占蒙古国总进口额的 2/3 以上，占比最高。在蒙古国出口产品结构中，矿产占 80% 以上，其中主要是煤炭、铜粉、钼粉、萤石，以及 7 种金属（如铁矿石、锌矿）和原油。中国已经连续超过 10 年占据蒙古国的最大进口国地位。蒙古国从中国进口的主要是天然气、食品、机械和装备等。从中国进口的矿产为：约 90% 的天然气，约 6% 的石油。从中国进口 99% 以上的汽油、柴油、硫及多硫化物和水泥。俄罗斯对中国出口主要商品构成中，矿产品占 70%，木及制品占 8%，机电产品占 6%，化工产品占 5%。俄罗斯自中国进口主要商品结构中，机电产品占 50%，纺织品及原料占 10%，贱金属及制品占 8%，家具、玩具、杂项制品占 6%，化工产品占 5%，塑料橡胶占 5%，等等。从上述统计数据中可以看出中蒙、中俄两国的贸易呈现出明显的贸易互补性，通过专业化分工，可实现经济要素有序自由流动、资源高效配置和市场深度融合，推动各国实现经济政策协调，开展更大范围、更高水平、更深层次的区域合作。

（三）国际产能合作

近年来，越来越多的中国企业到蒙古国和俄罗斯远东地区进行投资，建立公司或者与当地政府和企业合作。中国参与蒙古国和俄罗斯远东地区的能源和矿产的开采和加工，应该以整个产业链为导向，延长产业链，增加附加值。中国与蒙古国和俄罗斯进行矿业合作、能源合作，依赖于与蒙古国和俄罗斯成立资源和技术的三方合作企业，从而组成煤、石油和天然气开发公司，进行能源勘探、采矿和下游化工产品加工。中国支持国内的优势企业参与蒙古国和俄罗斯发电厂及输电线路的建设与可再生能源合作建设，建立煤基地和可再生能源基地，在蒙古国和俄罗斯构建智能电网,并探索蒙古国和俄罗斯与邻国运输矿产、能源合作的新模式。积极鼓励企业到蒙古国和俄罗斯建立矿业公司或与当地政府和企业联合开办公司,生产铜、镍、铅制品,冶炼、销售铜镍和引导建立矿产基地,提高矿物的原位转化率,合作开发有色金属深加工、新合金材料及相关加工、矿产,进行基础设施建设,为中蒙俄经济走廊建设提供基础性支撑。加强能源和矿产有关的辅助设备制造产业的合作。结合能源采矿业合作,积极规划和实施矿山机械、冶金机械和化学设备制造的相关工作,鼓励国内的相关企业进行采矿设备、矿物加工设备、冶金设备、化工与机械的开发和其他支撑产业与蒙古国和俄罗斯的合作,研究开发有关矿山和化工设备制造和修理业务。通过产能合作,推动中蒙俄经济走廊的建设。

(四) 跨境旅游合作

中蒙俄经济走廊区域拥有丰富的旅游资源、自然资源(如森林、冰雪、岛和草原)以及富有特色的民族文化。同时,中蒙俄经济走廊可以通过把中国的冰雪城市哈尔滨、长白山景区、大兴安岭和小兴安岭,草原旅游区的呼伦贝尔大草原,西伯利亚旅游区的贝加尔湖,西伯利亚的原始森林,乌布苏湖盆地,阿尔泰山脉,同欧洲旅游区连接起来,形成一个旅游圈。同时可以推出"万里茶道"和"贝加尔湖—库苏古尔湖"等旅游路线,打造独特的富有文化和历史底蕴及自然风光的旅游业,建立国际旅游品牌。推动构建中蒙俄旅游共同体,带动相关产业,如交通、餐饮、零售业和其他服务业的发展,带动第三产业服务业的快速发展,促进产业结构的优化升级。

四、政策建议

(一) 建立多层次的对话磋商合作机制

政治层面的相互信任是中蒙俄战略伙伴关系的关键目标,也是三国进行深入务实合作的前提所在。推动中蒙俄经济走廊建设应充分利用三方政府间现有合作机制与平台，提升政治协商水平。首先，充分运用元首会晤机制，深化政治沟通，强化三方政治互信基础。发挥好中蒙俄三国元首会晤机制以及中蒙、中俄、蒙俄双边首脑会晤机制，做好顶层设计，进一步利用上海合作组织的协调机制作用。其次，建立和完善多行业、多领域对话磋商渠道。深化中蒙矿产资源合作分委会、中俄运输合作分委会等各种专业分委会专业合作。再次，发挥好各区域合作机制的作用。确保中蒙俄三国区域合作的公共产品多元化。推进中蒙俄经济走廊区域合作规划与措施实施。最后，强化中蒙俄经济走廊综合信息平台建设，整合政府、行业协会、企业、第三方机构等多方在政策、项目、服务、典型案例等方面的信息，定期发布，供相关方参考。

（二）做好宏观战略、政策制度、产业项目和技术标准的对接

始终通过三国发展战略对接引领建设中蒙俄经济走廊。推动蒙古国的"草原之路"倡议、"矿业兴国"计划，俄罗斯主导的欧亚经济联盟、远东开发计划、"跨欧亚发展带"项目，与中国提出的"一带一路"倡议、西部大开发、振兴东北老工业基地计划对接，将俄罗斯、蒙古国的资源优势与中国的产业基础、产能优势相结合，将三方合作潜力转化为现实发展机遇。

加强技术层面的对接工作。一是产业与项目对接。进一步完善基础设施规划，在制造业、基础设施、能源资源开发利用等领域加强对接。二是技术标准对接。充分发挥政府、行业协会、企业、第三方机构等多元主体的作用，通过谈判协商，消除在海关体制、行业标准、信息认证、监管、检验检疫、物流等方面存在的障碍，建立更高效、更便利的海关通关和贸易机制，推进建立统一的交通运输协调机制，有效解决国际通关、多式联运衔接等方面的问题，逐步形成兼容规范的运输规则，实现国际运输便利化。将跨境、边境等国际合作区以及跨境企业项目质

检合作作为重要突破口,推动三方国际标准互认。

(三) 充分调动相邻地区和企业参与经济走廊建设的积极性

中蒙俄经济走廊建设涉及的我国国内各省份要按照《中蒙俄经济走廊建设纲要》,制定本省份参与建设合作的具体规划。东北地区各级政府和有关方面要进一步解放思想,积极探索,锐意创新,开阔视野,在强化内外交流与沟通的基础上全面提升开放与合作的水平,使东北的地区振兴与东北亚的区域合作从政策构想到具体实践,不断取得具有时代特点的新成就与新经验。内蒙古自治区要发挥与蒙古国地缘相近、人文相亲、经济相融的优势,深化投资、经贸、教育、文化、卫生、旅游、媒体、青年、妇女、儿童等领域的全方位务实合作,努力将"向北开放战略"融入中蒙俄经济走廊建设合作之中,充分发挥满洲里、二连浩特、黑河、绥芬河等沿边支点口岸城市在合作共建中的特殊作用。

企业是推进中蒙俄经济走廊建设的主体。通过国有企业和民营企业"以大带小",鼓励更多的民营企业"走出去",充分发挥民营企业对市场信号敏感、反应速度快、合作链条短等优势,借助中蒙俄经济走廊建设,打造一批国际性企业。用全球化的视野看待中蒙俄三方合作,将外延扩大,把"一带一路"沿线其他国家的资源整合起来,找到合作的具体方向和项目,引进国际资金,变三方合作为多方合作。围绕走廊核心合作领域,先期启动一批示范性、带动性强的项目,创造条件加快推进连接中蒙俄的国际运输通道、油气管道等基础设施建设,为其他领域的合作起到示范和带动作用。

(四) 加强"民心相通",抵御外部干扰

国家不分大小强弱,都要坚持平等交流,倡导同理心,在遇到分歧时做到换位思考、善于倾听,拥有善于欣赏和借鉴不同文明的雅量。要加大与媒体、大学、智库、民间组织等的交流与合作。三国媒体需要策

划制作国际受众喜闻乐见的产品，共同挖掘讲述中蒙俄三国普通民众友好交往的小故事。着力实现媒体传播平台与智库优质内容资源的有效对接，借助媒体的传播优势展示智库研究成果，同时也为媒体融合注入新动能。

专题二

新亚欧大陆桥经济走廊建设研究

一、新亚欧大陆桥经济走廊建设整体状况与进展

(一) 新亚欧大陆桥经济走廊的概念和地理范围

新亚欧大陆桥由中国东部沿海向西延伸，经中国西北地区和中亚、俄罗斯抵达中东欧。它是连接中国与欧洲经济圈的核心通道，比西伯利亚大陆桥缩短了路上运距2 000~5 000千米，比海运距离缩短了上万千米。2015年发布的《推动共建丝绸之路经济带和21世纪海上丝绸之路的愿景与行动》将新亚欧大陆桥经济走廊建设放在六大经济走廊之首，足见其重要性。亚欧大陆桥，是横贯亚欧大陆以铁路为主的陆路通道，目前包括第一亚欧大陆桥和第二亚欧大陆桥，前者是横贯俄罗斯的西伯利亚大陆桥，后者就是新亚欧大陆桥，自中国向西，途经哈萨克斯坦、俄罗斯、白俄罗斯、波兰等国，到达德国和荷兰。新亚欧大陆桥于1990年贯通，1992年正式运营。2015年发布的《推动共建丝绸之路经济带和21世纪海上丝绸之路的愿景与行动》提出要共同打造新亚欧大陆桥等国际经济合作走廊，新亚欧大陆桥经济走廊的说法首次出现。

关于新亚欧大陆桥经济走廊沿线国家，并未有明确和权威的说法。按照世界银行对全球不同区域的分类，该经济走廊位于新兴欧洲和中亚地区。本书讨论的范围聚焦于现有新亚欧大陆桥（铁路）沿线

的 21 个国家，包括中东欧 16 国①和哈萨克斯坦、俄罗斯、白俄罗斯、乌克兰、摩尔多瓦。

（二）新亚欧大陆桥经济走廊的建设成就

在"一带一路"重点建设的陆上六大经济走廊中，新亚欧大陆桥经济走廊建立在早已通车运营的新亚欧大陆桥基础上，具备交通基础设施的先天优势，在六大经济走廊中被寄予厚望。近年来，新亚欧大陆桥经济走廊建设取得了如下突出成就：

1. 政策沟通程度不断提高

近年来，中国与新亚欧大陆桥经济走廊沿线国家的政治互信进一步加强，多层次的政策沟通机制逐步形成。新亚欧大陆桥经济走廊基本以双边对接为主，稳步推动与沿线重点国家的多领域合作。

2016 年 G20 杭州峰会期间，中哈两国元首见证签署了《"丝绸之路经济带"建设与"光明之路"新经济政策对接合作规划》，这是"一带一路"框架下签订的首个双边合作规划。中国—中东欧国家建立起以领导人会晤机制为引领、涵盖 20 多个领域的立体合作架构，形成了全方位、宽领域、多层次的合作格局，合作理念日益成熟，发展战略对接更加深入。中国与中东欧国家实现签署共建"一带一路"倡议合作文件的全覆盖，与 15 个国家签署 95 份海关检验检疫合作文件。中国与欧亚经济联盟国家之间的政策沟通不断深入。2015 年，中国与俄罗斯签署《关于丝绸之路经济带建设和欧亚经济联盟建设对接合作的联合声明》，开启了"一带一路"建设与欧亚经济联盟对接合作之路。2016 年，中国与白俄罗斯建立相互信任、合作共赢的全面战略伙伴关系，中国与哈萨克斯坦签署《"丝绸之路经济带"建设与"光明之路"新经济政策对接合作规划》。2018 年，《中国与欧亚经济联盟经贸合作协定》

---

① 中东欧 16 国包括阿尔巴尼亚、波黑、保加利亚、克罗地亚、捷克、爱沙尼亚、希腊、匈牙利、拉脱维亚、黑山、北马其顿、波兰、罗马尼亚、塞尔维亚、斯洛伐克和斯洛文尼亚。

签署，中国与欧亚经济联盟对接合作取得重要阶段性成果。2017 年 4 月，包括中国在内的 7 国签署了深化中欧班列合作协议，该协议被纳入首届"一带一路"国际合作高峰论坛成果清单。中国、白俄罗斯、俄罗斯等国家的 7 个部门成立了中欧班列运输联合工作组，立陶宛、拉脱维亚和奥地利铁路部门任观察员，这标志着中欧班列机制化建设取得显著进展。在国内，《中欧班列建设发展规划（2016—2020）》于 2016 年印发，完成了中欧班列首个顶层设计框架，并于 2017 年 5 月成立了中欧班列运输协调委员会。

2. 贸易整体规模持续扩大

中国与新亚欧大陆桥经济走廊沿线 21 国的贸易额从 2014 年的 1.19 万亿元增加到 2020 年的 1.74 万亿元，增长了 46%（见表 2 - 1）。分地区和国家来看，2012—2020 年，中国与中东欧国家贸易年均增速 8%，是中国与欧盟贸易增速的 2 倍以上。其中，自中东欧国家进口农产品年均增长约 9.7%。中哈双边贸易在新冠疫情背景下增长 4%，2020 年中国成为哈萨克斯坦第一大出口目的国，截至 2020 年年底，中哈原油管道向中国累计输送原油超 1.4 亿吨。2020 年，中白双边贸易在新冠疫情背景下逆势增长 10.7%，创历史新高，中国已成为白俄罗斯的第二大贸易伙伴。

表 2 - 1　中国与新亚欧大陆桥经济走廊沿线国家的双边贸易情况

单位：万元

新亚欧大陆桥经济走廊沿线国家	2020 年	2014 年	增幅
俄罗斯	74 662 719	58 518 893	27.59%
波兰	21 498 497	10 564 195	103.50%
哈萨克斯坦	14 877 858	13 779 252	7.97%
捷克	13 049 147	6 752 121	93.26%
乌克兰	10 165 915	5 276 526	92.66%
匈牙利	8 098 605	5 548 656	45.96%
斯洛伐克	6 549 303	3 814 200	71.71%

新亚欧大陆桥经济走廊沿线国家	2020 年	2014 年	增幅
希腊	5 408 617	2 783 488	94.31%
罗马尼亚	5 375 065	2 919 887	84.08%
斯洛文尼亚	2 741 716	1 428 177	91.97%
白俄罗斯	2 080 565	1 136 982	82.99%
保加利亚	2 018 870	1 330 225	51.77%
塞尔维亚	1 472 279	329 920	346.25%
克罗地亚	1 183 198	692 977	70.74%
拉脱维亚	868 397	899 277	− 3.43%
爱沙尼亚	794 186	842 892	− 5.78%
阿尔巴尼亚	452 212	349 421	29.42%
北马其顿	264 405	103 153	156.32%
摩尔多瓦	142 888	86 024	66.10%
波黑	133 689	197 555	− 32.33%
黑山	118 441	129 782	− 8.74%
合计	173 549 094	118 598 776	46.33%

资料来源：海关统计月报。

3. 中欧班列成为共建"一带一路"的重要载体和标志性成就

新亚欧大陆桥经济走廊最主要也是最突出的建设成果当属中欧班列的开通和运营。中欧班列主要通过新亚欧大陆桥运行，拥有其他交通方式无法比拟的先天优势，自2011年3月开通以来累计开行突破4万列，合计货值超过2 000亿美元。根据2021年10月全国铁路最新调图方案，中欧班列开通78条运行线路，连接欧洲23个国家的174个城市。中欧班列运送货物货值占中欧货物贸易比重逐年提升，从2015年的1%增至2020年的7%。2020年，中欧班列累计开行1.24万列，运送113.5万标箱，同比分别增长50%和56%，年度开行数量历史上首次超过1万列，单月开行稳定在1 000列以上。特别是新冠疫情暴发以来，中欧班列累计向欧洲发运1 199万件、9.4万吨防疫物资，有力地保障了全球产业链供应链稳定和沿线各国人民生命健康（见图2—1）。

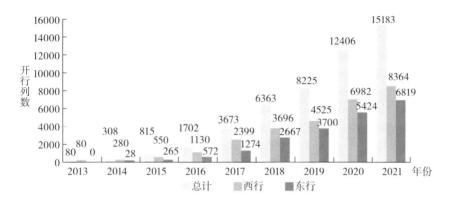

图2-1　"一带一路"倡议提出以来中欧班列运行情况

资料来源：海关总署。

4. 产业合作取得突出进展

投资合作方面，中国对新亚欧大陆桥经济走廊沿线国家的投资存量从2013年年末的163亿美元增至2019年年末的237亿美元，增幅为46%（见表2-2）。2019年年末，俄罗斯和哈萨克斯坦在中国对"一带一路"沿线国家投资存量排名中分别位列第三和第七。产能合作方面，中哈、中白产能合作已成为中国与"一带一路"沿线国家开展产能合作的成功典范。中白工业园已建成中国规模最大的海外工业园区，有来自14个国家的70家企业在这里投资兴业，协议投资额超过12亿美元。工程承包方面，尽管受到新冠疫情影响，2020年中国在中东欧国家新签工程承包合同额仍达54.1亿美元，同比增长34.6%。

表2-2　中国对新亚欧大陆桥经济走廊沿线国家投资存量

国家	2019年年末存量/万美元	2013年年末存量/万美元	增幅/%
俄罗斯	12 80 397	758 161	68.88
哈萨克斯坦	725 413	695 669	4.28
白俄罗斯	65 180	11 590	462.38
波兰	55 559	25 704	116.15
罗马尼亚	42 827	14 513	195.09
匈牙利	42 736	53 235	-19.72

国家	2019 年年末存量/万美元	2013 年年末存量/万美元	增幅/%
捷克	28 749	20 468	40.46
希腊	23 102	11 979	92.85
斯洛文尼亚	18 960	500	3 692.00
塞尔维亚	16 473	1 854	788.51
乌克兰	15 803	5 198	204.02
保加利亚	15 681	14 985	4.64
克罗地亚	9 840	831	1 084.12
黑山	8 509	32	26 490.63
斯洛伐克	8 274	8 277	− 0.04
爱沙尼亚	6 333	350	1 709.43
北马其顿	2 109	209	909.09
波黑	1 670	613	172.43
拉脱维亚	1 163	54	2 053.70
阿尔巴尼亚	711	703	1.14
摩尔多瓦	387	387	0.00
总计	2 369 876	1 625 312	45.81

资料来源:商务部《2019 年中国对外直接投资统计公报》。

5. 金融合作广度和深度不断拓展

"一带一路"建设启动以来,人民币在跨境结算中的比例明显提升。以中俄贸易为例,本币结算的比例从 2013 年的约 2% 上升到 2020 年的约 25%。中国与俄罗斯、哈萨克斯坦、白俄罗斯、乌克兰、匈牙利、塞尔维亚、阿尔巴尼亚等国签署了货币互换协议。中国对中东欧国家提供了 100 亿美元专项贷款。中国工商银行发起设立的中国—中东欧基金,作为中国第一个政府支持的非主权类海外投资基金,首期完成 30 亿欧元的募集规模。中国进出口银行作为主发起人发起设立的中国—中东欧投资合作基金一期,最终封闭规模 4.35 亿美元,已完成在中东欧 6 国的多个项目投资。

6. 人文交流不断加深

"16＋1"合作机制下建立了"中国—中东欧国家智库交流与合作网络""中国—中东欧国家文化合作论坛"和"中国—中东欧青年交流营"等合作机制平台。"中国—中东欧国家政党对话和青年政治家论坛""中国—中东欧国家高级别智库研讨会"等机制性活动,成为促进双边政治精英与智库学者交流合作的重要举措。中国与克罗地亚、捷克、希腊、匈牙利、罗马尼亚、波兰、塞尔维亚、斯洛文尼亚共建了8家"一带一路"联合实验室。此外,中国在中东欧建立了5个中医中心、3所文化中心,中国与中东欧8个国家签署了互认高等学位的协议;中国公民赴中东欧国家人次增长了5倍多,双向留学生规模翻了一番,双向旅游突破每年百万人次。

(三) 新亚欧大陆桥经济走廊建设存在的突出问题

新亚欧大陆桥经济走廊沿线国家有两个突出特点:一是数量众多。在六大经济走廊中,中巴经济走廊、中蒙俄经济走廊、孟中印缅经济走廊的沿线国家分别只有1个、2个和3个,中国—中南半岛经济走廊的沿线国家稍多,但都位于中南半岛澜沧江—湄公河流域这个相对封闭的地理单元。新亚欧大陆桥经济走廊则跨越了东亚、中亚、东欧、南欧和中欧等不同的地理单元,沿线国家数量之多在六大经济走廊中只有中国—中亚—西亚经济走廊与其类似。二是沿线国家分属不同的国家集团或地缘板块。中东欧16国中波兰等11国是欧盟成员国,塞尔维亚等西巴尔干半岛5国和乌克兰都致力于加入欧盟,俄罗斯、哈萨克斯坦和白俄罗斯是欧亚经济联盟成员国,摩尔多瓦在加入欧盟和欧亚经济联盟之间摇摆。不同的身份认同和利益诉求给沿线国家合作增加了障碍。

目前,新亚欧大陆桥经济走廊缺乏走廊沿线所有国家的官方合作机制,而是分别以中哈、中俄、中白等多个双边合作机制和中国—中东欧合作多边合作机制的方式展开。这也造成该经济走廊本身的存在感不高，不利于经济走廊建设的整体推进和统筹协调。

二、新亚欧大陆桥经济走廊建设面临的风险与挑战

(一) 贯穿走廊全线的地缘政治挑战

新亚欧大陆桥沿线，主要分为中东欧、俄罗斯和中亚三大板块，属于英国近代地理学家哈尔福德·麦金德的"陆权论"中"世界岛"的"心脏地带"，历来是大国博弈的焦点地区。

走廊西侧的中东欧国家，长期处于欧盟、美国、俄罗斯（包括苏联）之间大国博弈的夹缝中。由于历史原因，这些国家多数抱有反俄和恐俄情绪。冷战结束后，经过北约五次东扩，白俄罗斯和乌克兰成为美西方和俄罗斯之间地缘争夺的最后堡垒，先后发生了乌克兰的"橙色革命"（2004 年）、"广场革命"（2013 年）和白俄罗斯的政治危机（2020 年）。俄乌冲突和美西方与俄罗斯的制裁与反制裁之争，彻底改变和颠覆了欧洲自二战结束以来的空间秩序、安全观念、力量平衡以及经贸和金融格局，美国对北约和欧洲的控制大大加强，俄罗斯与乌克兰、欧洲和美国的关系彻底闹翻。中国与中东欧国家的关系发展不仅受到欧盟和美国的杯葛，又被置于俄乌冲突下非黑即白、道德绑架的舆论环境之下，挑战十分突出。

在走廊东段，中亚五国一直处于美俄博弈的漩涡之中。美国和西方国家一直在中亚国家进行"颜色革命"的尝试，潜移默化地推广美式民主和价值观。哈萨克斯坦国内共有近 4 万个美西方背景的非政府组织，其中比较活跃的组织约 1.6 万个①。2005 年，乌兹别克斯坦发生安集延骚乱。吉尔吉斯斯坦同年发生"郁金香革命"后，每逢选举就出现骚乱。2022 年年初哈萨克斯坦发生未遂政变。这些骚乱的背后无一

---

① 数据来源：https://news. sina. com. cn/w/2022 – 01 – 16/doc – ikyamrmz5509801. shtml。

例外都存在美西方的影子。当前，美国积极推行"印太战略"以围堵中国，希望在中亚重建军事基地或中转基地，对中亚国家极力拉拢。俄罗斯一向将中亚视为自身"后院"和势力范围，不容他国染指。中亚五国中，哈萨克斯坦、吉尔吉斯斯坦两国是欧亚经济联盟的成员，哈萨克斯坦、吉尔吉斯斯坦、塔吉克斯坦三国是独联体集体安全条约组织的成员。但中亚国家并不甘于作大国的"提线木偶"。在俄乌冲突之后，哈萨克斯坦并未对俄罗斯亦步亦趋，而是试图在俄罗斯和西方之间"长袖善舞"。随着能源危机下美西方在能源储量丰富的中亚地区介入力度的加大，中亚国家面临的美俄大国博弈的挑战可能会越加突出。

此外，新亚欧大陆桥经济走廊沿线国家和地区还存在不同程度的领土与边界争端。在中东欧，科索沃和塞尔维亚之间的矛盾冲突已有上百年历史。经过 1999 年的科索沃战争和 2008 年的科索沃单方面宣布独立，科索沃问题仍不时搅动巴尔干半岛的安全稳定。在中亚，由于苏联时期的边界划定和人口迁移，各国内部和相互之间在边界、水资源利用、内部权力平衡等方面存在深刻而复杂的矛盾。2022 年 7 月，占乌兹别克斯坦总领土 40% 的卡拉卡尔帕克斯坦自治共和国发生骚乱。乌兹别克斯坦、塔吉克斯坦、吉尔吉斯斯坦三国之间存在突出的边界与领土争端。塔乌两国有 250 多公里未勘定边界，占两国边界近 1/5；塔吉两国有 460 公里的边界归属尚未达成一致，占两国边界的接近一半，争议地区存在 60 多处；吉乌两国有 217 公里的边界线未最终确定，占两国边界近 1/6[①]。三国为此经常爆发大大小小的边境冲突。上述因素的存在，对新亚欧大陆桥经济走廊的安全稳定和跨国合作构成了威胁。

（二）中国与俄白两国贸易的次级制裁挑战

在新亚欧大陆桥经济走廊上，俄罗斯、白俄罗斯长期以来都是美西

---

① 袁剑. 国家感与边疆性：中亚国家间的边界问题及其观念折射［J］. 北方民族大学学报（哲学社会科学版），2019（3）.

方的制裁对象。俄乌冲突爆发后,美西方对俄罗斯实施的制裁已经超过了1万项。前所未有的制裁,不仅直接影响了俄白两国,还以次级制裁的方式影响到第三国。从中国遭受美西方制裁的历史、中俄之间的经济关联程度以及俄罗斯遭受制裁后进一步倚重中国的前景来看,美西方对俄制裁在很大程度上会引发对中国企业、机构和个人的次级制裁和长臂管辖。

具体而言,一是中国对俄白两国电子信息、通信、导航等领域产品出口面临制裁威胁。2020年,俄罗斯70%的芯片、计算机和智能手机供应来自中国。中国是俄罗斯最大的半导体进口来源地,2021年占俄半导体进口的32.8%[①]。在美国对俄罗斯实施全面出口管制的背景下,中国对俄白两国防务、航空航天、海事和高科技部门上述产品出口面临次级制裁风险。2022年6月28日,5个电子科技类中国实体(含香港)由于"继续履行与俄受制裁实体的供给合同"而被美国列入实体清单。2023年2月24日,美国以"涉嫌规避制裁和帮助俄罗斯军方或军工企业"为由将5家中国企业列入制裁实体清单。随着俄乌冲突的持续,美国以涉俄因素为由对中国企业的制裁将越来越多。二是中国向俄罗斯出口油气开采设备和技术存在风险。国内广大油气钻采专业设备企业和油田技术服务企业尚未实现对美国技术的完全替代和剔除,油气田开采设备主要依赖进口的局面也并未根本改变。在对俄出口和项目合作过程中,稍有不慎就会遭到美国次级制裁。三是参与中俄经济往来的中国企业、机构和个人面临金融制裁风险。在美西方的制裁面前,中国与俄白两国受制裁金融机构的相关交易和业务往来面临巨大的制裁风险。未来随着事态演进,不排除美方可能采取以下方面的制裁手段:限制或者禁止与俄方合作的中资企业在美证券市场上市交易;对与俄方开展业务的中资金融机构进行制裁;对参与中俄贸易的特定地区实施金融封锁,禁

---

① 数据来源:https://www.sensorexpert.com.cn/article/24252.html。

止美国和第三国的实体对特定地区提供投融资服务。

（三）普遍的经济滞胀和转型挑战

新亚欧大陆桥经济走廊沿线国家经济结构畸形单一的问题突出，极易受到外部经济动荡的影响，面临宏观经济发展不稳定、通货膨胀、国际收支失衡、汇率大幅波动等经济风险。

其中，俄罗斯、哈萨克斯坦等国属于原料出口型经济体，经济结构和出口结构单一，燃料、矿物和金属出口占俄罗斯出口的超过一半，占哈萨克斯坦的超过3/4（见图2-2）。因此，宏观经济对国际大宗商品市场行情敏感，经济增速常常大起大落：在国际局势较为稳定、大宗商品市场处于牛市的环境下，宏观经济增长表现往往超过世界平均水平；但在全球发生经济金融危机、大宗商品价格表现低迷的环境下，经济转圜的空间有限，常常显出颓势。受国际大宗商品价格持续低迷等因素的影响，2013—2022年，俄罗斯经济增速除2020年外均低于全球平均水平。2015—2021年，哈萨克斯坦经常账户始终处于赤字状态，货币大幅贬值，通胀率也明显高出全球平均水平。当前，在俄乌冲突背景下，全球经济增长低迷，衰退风险加大，大宗商品价格涨势受限，而且俄罗

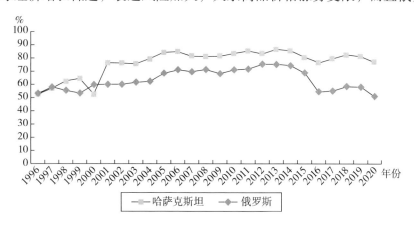

图2-2　俄罗斯、哈萨克斯坦两国燃料、矿物和金属出口占商品出口的比例
资料来源：世界银行数据库。

斯受制裁影响，油气出口渠道不断收窄。从更长远的角度而言，全球应对气候变化的行动将对油气资源的开发利用和俄、哈等资源出口国的经济转型提出越来越大的挑战。

中东欧国家为开放型经济，出口导向型特征明显，高度依赖外部特别是欧盟的市场、资本和技术。许多国家经常账户常年逆差，抵御外部风险能力较差。2010—2021 年，走廊沿线的希腊、罗马尼亚、塞尔维亚、阿尔巴尼亚、摩尔多瓦、波黑、北马其顿、黑山八国经常账户始终处于逆差状态；白俄罗斯和乌克兰有 9 年处于逆差①。在俄乌冲突的背景下，中东欧国家一方面出现能源供应受限，通胀高企。2023 年 1 月，中东欧有 14 个国家 CPI 涨幅超过 15%，同期欧盟为 10%。另一方面受西欧自身能源危机和经济低迷的拖累，对西欧出口表现不佳。从年度数据来看，乌克兰、俄罗斯和爱沙尼亚 2022 年已经陷入滞胀，而月度数据显示，摩尔多瓦、白俄罗斯、立陶宛、斯洛文尼亚、捷克、拉脱维亚、塞尔维亚、匈牙利、北马其顿和斯洛伐克十国已经站在滞胀边缘。

（四）沿线中低收入国家的外债挑战

从负债率、债务率、偿债率、短期外债占外汇储备比例四项关键外债安全性指标来看，新亚欧大陆桥经济走廊沿线中低收入国家在负债率和债务率两项指标的整体表现均超出国际公认的安全线，显示出不容忽视的债务风险。在世行确定的 20 个欧洲和中亚中低收入经济体②中，外债负债率（外债余额占国民总收入的比例）2017—2021 年始终保持在 40% 以上，在全球所有中低收入国家板块中位于较高水平，2021 年为 44%，超出国际常用的 20% 安全线，较全球中低收入国家的整体水平高出 18 个百分点；债务率（外债余额占当年货物与服务贸易出口收

---

① 资料来源：世界银行数据库。

② 包括哈萨克斯坦、俄罗斯、白俄罗斯、乌克兰、摩尔多瓦、塞尔维亚、波黑、黑山、北马其顿、保加利亚、阿尔巴尼亚、科索沃、格鲁吉亚、亚美尼亚、阿塞拜疆、吉尔吉斯斯坦、塔吉克斯坦、乌兹别克斯坦、土库曼斯坦、土耳其。

入的比率）2017—2021 年始终保持在 110% 以上，2021 年为 112%，超过国际常用的 100% 安全线；偿债率（外债本金和利息偿还金额与当年货物与服务贸易出口收入的比率）2017—2020 年始终保持在国际常用的 20% 安全线以上，2021 年为 19%。

2020 年开始，受新冠疫情和经济下滑双重影响，走廊沿线中低收入国家外债情况迅速恶化。如黑山 2020 年受疫情影响，负债率从 2019 年的 150% 升至 201%，债务率从 302% 升至 621%，偿债率从 55% 升至 103%。哈萨克斯坦的债务率从 2019 年的 232% 升至 303%。① 2021 年，随着经济增速的回升，沿线国家的外债指标普遍出现好转。但仍有一些国家面临比较严峻的债务挑战，如 2021 年黑山、哈萨克斯坦分别有三项和四项指标超出安全线，阿尔巴尼亚、波黑、乌克兰、塞尔维亚、北马其顿、摩尔多瓦、罗马尼亚都有两项指标超出安全线。在俄乌冲突的背景下，新亚欧大陆桥经济走廊沿线依赖资源进口的中低收入国家贸易条件恶化、外债偿还的挑战值得高度关注（见表 2 - 3）。

表 2 - 3　新亚欧大陆桥经济走廊沿线部分国家 2021 年主要外债指标　　（%）

	负债率	债务率	偿债率	短期外债占外汇储备
国际安全标准	20	100	20	100
沿线中低收入国家	44	112	19	40
黑山	178	361	48	21
哈萨克斯坦	96	234	45	114
阿尔巴尼亚	62	182	15	18
波黑	58	123	14	29
乌克兰	70	142	15	73
塞尔维亚	68	120	16	12.5
北马其顿	82	117	16	44
摩尔多瓦	66	183	14	67
白俄罗斯	63	83	9	192

----

① 资料来源：《世界银行国际债务统计报告》。

	负债率	债务率	偿债率	短期外债占外汇储备
保加利亚	58	83	11	23
罗马尼亚	58	143	20	37.5
俄罗斯	28	76	16	17

资料来源:《世界银行国际债务报告》。

注:罗马尼亚为 2020 年数据。

三、新形势下推进新亚欧大陆桥经济走廊建设的重点方向与合作领域

新形势下,各方在推进新亚欧大陆桥经济走廊建设过程中的重点合作领域包括以下八个方面。

(一) 增进战略互信

高水平的战略互信是新亚欧大陆桥经济走廊建设行稳致远的重要基石。2021 年上半年,乌克兰和立陶宛相继出现对华关系障碍,凸显出中东欧国家对中国的战略认知和信任存在问题。两国都处于俄罗斯与美欧斗争的前沿和中间地带,与中国除经贸外并无太多的利益纠葛,之所以做出损害中国利益的举动,主要是为了迎合美国全面遏制中国的心理,从而在对华关系认识上出现了严重误判。

新亚欧大陆桥经济走廊沿线国家众多,这些国家的共同特点是都属于原苏联和东欧国家,经过持续 30 年的转轨进程,各国均呈现出一定的政治极化和民族主义泛滥的现象,民粹主义、极右翼、反建制政党普遍崛起。在对外关系上,随着美国加紧对中国全面遏制,欧盟跟随美国对华遏制的成分不断增加,中东欧国家在处理与中国关系时的压力和困难日益增大。中国与走廊沿线国家迫切需要加强领导人、政府、议会、政党、企业、智库和民众之间的沟通与交流,通过对话增信释疑,打消顾虑,坚定合作方向和信心,避免受到各种内外部阻力的干扰。

（二）抗疫和公共卫生合作

在世纪疫情面前，走廊沿线各国抗疫合作中却存在不应有的政治干扰和杂音。2021 年 3 月欧盟公布的"绿色数字证书"（"疫苗护照"）只认可获得欧洲药品管理局批准的 4 款新冠疫苗，中俄疫苗未被纳入其中。欧盟对外行动署发布报告宣称，俄罗斯和中国媒体开展所谓虚假信息活动，试图运用系统性的手段散布对西方新冠疫苗的不信任感，目的是分裂欧洲。法国负责欧洲事务的国务秘书克莱芒·博纳呼吁欧洲伙伴不要批准使用在中俄生产的新冠疫苗。德国外长马斯指责中俄在向别国提供新冠疫苗时对这些国家提出"政治要求"，称欧美要保障向蒙受损失的国家提供疫苗替代选项。欧盟的做法歪曲事实，厚此薄彼，为各国合作应对疫情人为制造了障碍。

为早日战胜疫情，新亚欧大陆桥经济走廊沿线的相关各国，要在全球抗疫中加强疫苗、药物研发和生产合作，反对将疫苗政治化，反对搞疫苗民族主义，促进疫苗公平合理分配，提高防疫能力。当下最紧要的是，摆脱政治偏见，本着科学的态度加快对通过世界卫生组织认证的疫苗的审核和批准进程。同时，要积极发声，反对有关国家在病毒溯源问题上对中国的恶意诬陷。

（三）基建合作

设施联通是"一带一路"建设的优先领域，其主要表现形式是基础设施建设领域的互联互通。新亚欧大陆桥经济走廊沿线很多国家基础设施严重老化，亟待更新，然而普遍存在建设资金短缺、建设能力不足等问题。就中欧班列而言，存在很多对其高质量发展形成极大制约的障碍：沿线国家铁路轨距不一致，中国和多数欧洲国家采用标准轨距，而俄罗斯、白俄罗斯、哈萨克斯坦等国采用宽轨，导致班列在中哈边境和白（俄罗斯）波（兰）边境需要经历两次十分耗时的换装；中欧班列境外段的径路单一且多为单线铁路，个别路段出现问题容易造成全线运行中断；铁路沿线基础设施老化、落后，关键铁路场站货物处理和转运能力严重不足，波兰马拉舍维奇场站等基建项目要到 2028 年才能完成。

中国在基建技术、设备原材料以及劳动力方面都具有比较优势，与沿线国家的互补性很强。在新亚欧大陆桥立体铁路网建设、铁路场站和口岸扩能改造、铁路复线和电气化改造等方面，迫切需要沿线国家加强合作。与此同时，在公路网建设、民航机场建设、电力和通信设施建设等传统基础设施建设领域，以及 5G、人工智能、大数据、"智慧城市"等新基建领域的合作空间也很大。

（四）产业合作

新亚欧大陆桥经济走廊沿线国家产业发展水平差异巨大。根据联合国工业发展组织发布的 2020 年版全球制造业竞争力指数，在全球 152 个国家和地区中，乌兹别克斯坦（第 92 名）、波黑（第 80 名）、乌克兰（第 69 名）、哈萨克斯坦（第 68 名）、塞尔维亚（第 62 名）、白俄罗斯（第 47 名）排名都在 40 名开外。表现较好的俄罗斯和波兰，分别位列第 32 名和第 22 名。在产业结构上，哈萨克斯坦、俄罗斯等国经济以能源、采矿、军工和农牧业等产业为主，加工工业和轻工业较为落后。中东欧国家整体消费水平较高，在劳动力素质和加工能力上存在优势，但也有装备制造业升级的需求。

中国是全世界唯一拥有联合国产业分类中全部工业门类的国家，在上述制造业竞争力排名中位居全球第二，220 多种工业产品产量居世界首位。当前，中国进入新发展阶段、贯彻新发展理念、构建新发展格局，迫切需要加强优势产能对外合作，为经济结构调整和产业转型升级腾出空间。新亚欧大陆桥经济走廊沿线国家大力推进工业化、城镇化、信息化进程，力图在全球新一轮技术革命中提档进位。与此同时，新冠疫情的持续使得全球供应链受到极大破坏和扰动，中国作为全球范围内可靠供应者的地位进一步稳固。这些都为中国与新亚欧大陆桥经济走廊沿线加强产业合作提供了机遇。要加强与经济走廊沿线国家的贸易和产业合作，避免经济走廊沿线国家沦为中欧班列的过境通道，应顺应服务贸易发展的趋势，加强与沿线国家的数字服务贸易。

（五）金融合作

金融合作，也就是资金融通，是"五通"的重要内容之一，是"一带一路"建设走实走深、行稳致远的重要力量。金融合作内容广泛，包括双（多）边金融合作机制的建立与完善、各国央行间和金融机构间的合作、本币计价结算、货币互换、金融基础设施、绿色金融、数字货币等多个领域。

尽管中国与经济走廊沿线国家的金融合作已经取得一系列显著成果，但合作的深度和广度仍然有待进一步拓展，仍存在一系列问题阻碍其持续发展。一是金融合作机制不完备，缺乏顶层设计和战略统筹，信息交流不及时、不顺畅，贯穿走廊全线的金融合作机制尚不存在。中国虽然与俄罗斯、哈萨克斯坦都设立了金融合作分委会，但分委会没有设置常设机构，无法对已达成协议的落实进行有效督导。二是本币结算覆盖范围较小，支付清算渠道不畅。本币结算比例与中国面临的外部环境和实际需要相比，仍有相当大的提升空间。与邻近的欧亚经济联盟（成员国包括俄罗斯、哈萨克斯坦、白俄罗斯、吉尔吉斯斯坦和亚美尼亚）高达72.3%的本币结算比例①相比，中俄贸易本币结算的比例远远落后。三是合作偏重银行业，非银金融业（如保险、证券）等合作进展缓慢。四是需要大幅加强金融监管合作。

进入新时代，迫切需要建立起贯通经济走廊全线的金融合作机制，确保中欧班列发展行稳致远；加强涵盖银行、保险、证券、基金的金融同业合作，构建长期稳定的融资支持体系；推动跨国贸易往来中的本币结算，有效规避美元汇率波动风险，降低跨境支付清算的成本与风险，

---

① 截至2019年年底，欧亚经济联盟成员国对外贸易中本币结算比例为72.3%，美元、欧元结算份额分别占到21%和6%。本币结算项下卢布结算份额占到97%，这意味着卢布占本外币结算整体份额达到70%。

加快企业的资金周转。

（六）人文交流合作

国之交在于民相亲，民相亲在于心相通。新亚欧大陆桥经济走廊沿线国家国情不同，政治、经济和社会制度也存在较大差异。只有构建人民之间交流的纽带，才能求同存异，使沿线国家人民心灵相通、相互信任，从而夯实走廊建设合作走深走实的根基。

近年来，中国与走廊沿线国家的人文交流合作已经取得了很大成效，但与走廊建设的需要相比，还存在不少问题和短板：人文交流活动的普及性不够，只在少数地方开展，体现在短期活动项目上，在地域和受众覆盖面上远远不够；人文交流活动形式相对单一，创新性有待提高，需要更好地考虑受众的接受程度，通过更巧妙的方法达到真正想要的结果；人文交流机制间的协调性不足，不同领域人文交流机制的分管部门和推进程度各不相同，不仅效率低下，还时常产生内耗。此外，双边与多边人文交流机制间的关系也有待理顺。

在新的历史阶段，为了推进新亚欧大陆桥经济走廊建设深入开展，必须推进人文交流合作稳定、高效和深入发展，加强走廊沿线国家人文交流机制建设，夯实人文交流合作的制度基础。坚持不懈地开展对外传播和解疑释惑工作，不断消除境外某些势力和媒体歪曲、抹黑"一带一路"国际合作的负面影响。

（七）规则标准合作

在5G、电子商务、网络空间、数字经济、碳排放和碳交易、服务贸易、知识产权保护等新议题新领域，国际社会尚未建立相应的治理规则，缺乏有效的治理手段，亟待各国联手加以应对。然而，现实情况是，美欧都不断声言不希望中国参与制定全球规则，要减少对中国的产业链依赖。西方国家内部正在加紧协调立场，力求形成有利于自身的规则标准，将中国排除在标准制定过程之中，最终迫使中国接受。

面对美西方试图构筑的规则包围圈，中国要加强与包括"一带一路"沿线国家在内的广大国家的沟通、协调。位于新亚欧大陆桥经济走廊沿线的俄罗斯、白俄罗斯、塞尔维亚、哈萨克斯坦等国，在全球治理问题上与中国拥有很多相同或相似的看法，中国要加强与这些国家在规则标准领域的协调合作，在全球关于新议题、新领域的规则标准谈判中发出一致的声音。

（八）应对气候变化和绿色转型发展合作

新亚欧大陆桥经济走廊沿线地区生态系统承载能力低下，受到气候变化的严重威胁，绿色转型发展需求迫切。作为新亚欧大陆桥必经之地的哈萨克斯坦，处于中亚内陆，生态系统极其脆弱，绿色经济发展水平低下①，经济发展和生态保护的矛盾异常突出。2020年年底，哈萨克斯坦提出了在2060年前实现碳中和的目标，但作为中亚地区最大的温室气体排放国和全球GDP碳强度最高的10个国家之一，哈萨克斯坦的绿色脱碳发展之路面临严峻挑战。俄罗斯也面临类似问题，作为全球第二大原油生产国，其经济发展高度依赖能源密集型产业。因脱碳压力巨大，俄罗斯尚未提出碳中和目标。波兰、捷克等中东欧各国担心加大减排力度带来的经济成本，普遍未提出退煤或者减煤的措施。

在减少温室气体排放、提高能源利用效率、推动可再生能源发展、新能源汽车研发与生产、污水处理、零碳城市打造、发展绿色金融等方面，新亚欧大陆桥经济走廊沿线国家合作的空间巨大，前景广阔。与此同时，欧盟计划自2026年起全面实施碳边境调节税，一旦实施，将对各国对欧盟出口造成相当不利的影响。包括走廊沿线国家在内的世界各国要加紧展开协调，找到妥善应对之策。

---

① 根据德国观察、新气候研究所和国际气候行动网络联合发布的《2021年气候变化绩效指数报告》（CCPI），哈萨克斯坦以28.04分在全球61个国家和地区中排第55位。另外，根据欧洲复兴开发银行的评估报告《世界经济绿色转型对哈萨克斯坦财政状况影响》，哈萨克斯坦的绿色经济发展水平已高于中亚地区平均水平，但远低于欧洲复兴开发银行对世界所有国家估计的平均水平。

四、政策建议

第一，高度重视与新亚欧大陆桥经济走廊沿线国家和地区的政策沟通，把增进战略互信放在各项工作的首位。新亚欧大陆桥经济走廊沿线国家众多、国情差异巨大、利益诉求多元，短期内只能以化整为零的方式进行合作，通过与走廊沿线单个国家或某一区域国家合作来推动整个走廊的建设。一是要将中俄在战略和安全领域的高水平互信转化为在经济领域的高水平合作，借助俄罗斯的影响力强化与欧亚经济联盟的合作对接，创造条件积极推进中国—欧亚经济联盟自由贸易区谈判进程。二是坚定推进中国—中东欧合作，就中国—中东欧合作事宜加强与欧盟的政策沟通，进一步提高中国—中东欧合作的透明度和规范化程度，在与中东欧国家开展合作过程中坚持遵循国际规则和欧盟法律。吸引"老欧洲"国家、俄罗斯等中东欧周边国家在中东欧共同开展三方合作。中长期而言，要在条件成熟时，建立起涵盖新亚欧大陆桥经济走廊所有国家的官方合作机制，共同叫响新亚欧大陆桥经济走廊的名号。

第二，对中欧班列进行提质升级改造，优化完善班列运行路网结构。一要着力增强中欧班列设施保障能力。在做好中欧班列境内路段设施保障的同时，更加重视提升境外路段的通行能力。与走廊沿线相关国家一道，以"瓶颈"路段和拥堵口岸为重点，积极推动新亚欧大陆桥"卡脖子"路段升级改造，着力提升关键枢纽集结能力，持续提高通关效率。二要不断完善中欧班列开行方案，动态调整和优化开行线路，持续拓展境外路段的新运行路线，使其覆盖更加广阔的地理范围。三要着力增强中欧班列持续发展动力。着力推进中欧班列市场化发展，为中欧班列持续健康发展营造良好的市场环境。大力拓展回程货源，加快中欧班列信息平台和智慧口岸建设，推进中欧班列与西部陆海新通道、丝路海运等联动发展。

第三，加强与新亚欧大陆桥经济走廊沿线国家的抗疫和公共卫生合作，建立沿线国家卫生健康共同体。一是通过向"新冠疫苗实施计划"（COVAX）提供疫苗和向沿线国家捐赠疫苗相结合的方法，增强疫苗在沿线国家的可及性和可负担性。二是积极探讨和推进与走廊沿线国家开展疫苗生产、技术转移和临床试验合作，力争在沿线国家打造更多区域疫苗生产和分配中心。三是积极推进中医药抗疫方剂以药品身份进入走廊沿线国家市场，借助中医药抗疫在走廊沿线国家积极开展中医药文化宣介与推广。四是加强重点口岸疫情防控，不断完善中欧班列运行中人防、物防、技防"三位一体"的疫情防控机制，严防境外疫情输入。

第四，扩大与走廊沿线国家经济利益汇合点。一是扩大与走廊沿线国家的贸易规模，降低贸易壁垒。积极落实从中东欧国家扩大进口的计划，促进双边贸易均衡发展。尽快启动中国与欧亚经济联盟自由贸易协定联合可行性研究，助力疫情后经济复苏，为全球贸易投资自由化便利化做出贡献。深化贸易救济领域对话，减少中国与欧亚经济联盟之间的贸易壁垒。二是与走廊沿线国家深化国际科技交流与合作，打造科技创新共同体。围绕数字经济、绿色发展、"智慧城市"等领域加强研发合作，带动新技术、新业态加快发展，进一步深化双碳技术、应对气候变化等方面的交流与合作。积极搭建更多有效的交流合作平台，深入实施新亚欧大陆桥经济走廊沿线国家青年科学家来华工作项目。

第五，分散和降低中国国有金融机构一家独大的风险，在走廊沿线国家构建和扩大人民币"朋友圈"。一是在向沿线国家提供融资的过程中加强与亚洲基础设施投资银行、亚洲开发银行、欧洲复兴开发银行、欧亚开发银行、新开发银行等国际多边金融机构的合作，大力推进第三方合作，通过PPP模式融资广泛吸引私人资本参与。二是在与新亚欧大陆桥经济走廊沿线国家贸易投资中提高使用人民币计价、结算比例。推动我国商业银行、保险机构等金融机构在走廊沿线国家开设更多网点,拓宽走廊沿线国家人民币投融资渠道,发行以人民币计价的理财和投资产品,增强走廊沿线国家持有人民币的意愿。稳步有序地向走廊沿线国家推广数字人民币,加强与走廊沿线国家在数字货币标准和规则方面的合作。

专题三

中国—中亚—西亚经济走廊建设研究

中国—中亚—西亚经济走廊自新疆乌鲁木齐经中亚、西亚向西南，抵达波斯湾、地中海沿岸。中亚地区包括古丝绸之路的主要线路，这条走廊上的很多古城都是古丝绸之路的重要货物中转站和交通要地。"一带一路"中陆上丝绸之路首次提出就是在中亚的哈萨克斯坦。中国—中亚—西亚经济走廊发展基础相对薄弱、地缘关系较为复杂。传统上，中国—中亚—西亚地区就是沟通中国与古丝绸之路具有高度重合度的区域，从全球地缘政治、地缘经济格局变化来考察，中亚、西亚地区宗教、民族关系复杂。

随着"一带一路"建设的不断推进，中国—中亚—西亚经济走廊建设必须放到更宽阔的视野中考虑。美国长期在这一地区经营，深度介入西亚地区地缘政治关系，这对我国整个外部大环境影响巨大。这一地区可以看作"一带一路"的基本盘，这一区域在全球地缘关系中占据着特殊地位。特别地，西亚波斯湾地区是全球主要的石油产地，也是全球大国地缘竞争的焦点地区，是我国海外石油的主要来源地，这一地区长期以来民族、种族矛盾尖锐，各方利益错综复杂，其中的巴以冲突、伊拉克战争、叙利亚战争、伊朗核问题、也门武装冲突等不断上演，都是国际热点问题。

近年来，中亚地区显示出很好的能源发展前景，早在1997年美国战略家布热津斯基就在《大棋局》一书中曾预言，"中亚地区和里海盆地被认为蕴藏着远远超于科威特、墨西哥湾或北海的天然气和石油，得到其财富并分享其潜在的财富成为各方寻求的目标"。阿富汗处于中亚和南亚之间，2021 年 8 月美国撤军给中亚、西亚地区带来新的变数。中亚地区是我国陆上丝绸之路的出关地，西亚地区是我国陆上丝绸之路与海上丝绸之路的重要交会地，推进中国—中亚—西亚经济走廊建设具有重要的战略意义。

一、中国—中亚—西亚经济走廊建设进展情况分析

中国与中亚、西亚合作有很好的历史基础和现实需求，哈萨克斯坦处于我国向西亚欧大陆桥和中国—中亚—西亚经济走廊的主要出口，2013 年习近平主席提出建设陆上丝绸之路的倡议。十年来，在各方的共同努力下，中国与中亚、西亚国家的合作不断迈上新台阶。

（一）中国与中亚、西亚国家政治互信不断增强

目前，我国与中亚西亚区域合作中建有多个机制，包括上海合作组织、中国—阿拉伯国家合作论坛、中国—海合会论坛等，近年来，中国同欧亚经济联盟的合作也在不断推进。中亚、西亚地区和平发展对于抑制"三股势力"，保持我国西部边疆稳定和长治久安，对于整个现代化全局都有着十分重要的意义。

（二）"一带一路"倡议与相关国家战略深入对接

中国与中亚、西亚国家有关伙伴关系如表 3 - 1 所示。

表 3 - 1　中国与中亚、西亚地区有关伙伴关系

国家	合作战略
哈萨克斯坦	2013 年 9 月，双方签署《关于进一步深化全面战略伙伴关系的联合宣言》
乌兹别克斯坦	2012 年双方建立战略伙伴关系，2013 年签署《中乌友好合作关系条约》
吉尔吉斯斯坦	2013 年，双方签署《中吉关于建立战略伙伴关系的联合宣言》，提升为战略伙伴关系
土库曼斯坦	2013 年 9 月，双方签署《中华人民共和国和土库曼斯坦关于建立战略伙伴关系的联合宣言》

国家	合作战略
塔吉克斯坦	2013 年 5 月，双方签署中塔《关于建立战略伙伴关系的联合宣言》
阿富汗	2012 年 6 月，双方签署联合宣言，建立中阿战略合作伙伴关系，2014 年 10 月两国发表《中阿关于深化战略合作伙伴关系的联合声明》
阿塞拜疆	1992 年 4 月，两国建交，2019 年总统阿利耶夫来北京出席第二届"一带一路"国际合作高峰论坛
格鲁吉亚	2015 年 12 月，两国政府签署备忘录，正式启动中格自由贸易协定谈判，2018 年 1 月 1 日中格自由贸易协定正式生效
阿拉伯联合酋长国	2012 年，中国与阿拉伯联合酋长国发表联合声明，宣布建立战略伙伴关系，2018 年双方宣布建立全面战略伙伴关系
约旦	2015 年 9 月，双方签署建立战略伙伴关系联合声明
沙特阿拉伯	2016 年 1 月，双方发表建立全面战略伙伴关系的联合声明
科威特	2018 年 7 月，双方发表建立中科战略伙伴关系联合声明
阿曼	作为第一批意向创始国加入亚投行，2018 年 5 月双方签署共建"一带一路"谅解备忘录，建立战略伙伴关系
卡塔尔	2015 年双方确立中卡战略伙伴关系
伊朗	2016 年 1 月，双方共同发表建立全面战略伙伴关系的联合声明，中国成为伊朗首个全面战略伙伴
土耳其	2010 年，双方确定建立战略合作关系，双方在大多问题上相互理解、相互尊重，两国贸易合作发展势头良好，但其国内对新疆问题时常发出错误言论
以色列	2017 年 3 月，中以发表建立创新全面伙伴关系的联合声明
伊拉克	2014 年，双方确定建立战略伙伴关系

共建"一带一路"倡议提出以来，中国积极推进同有关国家战略和规划对接，如同中亚国家的哈萨克斯坦（"光明之路新经济政策"）、土库曼斯坦（"复兴古丝绸之路"）、乌兹别克斯坦（"新乌兹别克斯坦规划"）、塔吉克斯坦（"2030 年前国家发展战略"）等充分对接，签署了多项框架协议、合作规划纲要等。

（三）一些重大项目取得积极成效

近年来，随着"一带一路"建设的推进，中国在中亚、西亚地区投资和承建了多个大项目，各领域合作取得积极进展。基础设施互联互通方面，中国和中亚国家初步实现了公路、铁路、油气管道等的立体衔接，中欧、中亚班列在新冠疫情期间发挥了运量大、时间短、人员接触少的优势,成为支撑国际物资的"钢铁驼队"。近年来,能源合作是中国和中亚的合作亮点。中国与有关国家合作建设了"中哈原油管道""中国—中亚天然气管道"等重大项目。目前,我国从"中国—中亚天然气管道"的天然气进口量占全部进口量的50%。

中国中亚国家基础设施合作取得积极进展。以"达特卡—克明"输变电项目为例,该项目实现了吉尔吉斯斯坦从能源富集的南方向北方首都比什凯克供电,这是一条总长410千米500千伏输变电线路,整个线路在海拔3 000米以上,常年积雪。这条线路极大地提高了吉尔吉斯斯坦国内电网长距离、大容量、现代化输变电的水平和规模,保障了吉尔吉斯斯坦电力的独立和能源的安全。中国超过欧美成为塔吉克斯坦第一大外资来源国,中国华新水泥采用先进、环保、高效的水泥生产工艺,使吉尔吉斯斯坦水泥价格从200美元/吨降至70~80美元/吨,大大降低了建筑和基建成本(见表3-2)。

西亚方向,重大项目如以色列阿什杜德南港口项目、伊拉克鲁迈拉730兆瓦联合循环电站项目、沙特吉赞城市商业港项目、伊朗德黑兰—马什哈德电气化高铁改造项目、土耳其安卡拉—伊斯坦布尔高速铁路二期工程项目等,这些项目涵盖领域十分广泛,显示了中国企业卓越的建设能力,推进了当地经济发展和民生改善(见表3-3)。

表3-2 中国对中亚五国重点投资项目

国家	重点项目
哈萨克斯坦	能源和跨国资源领域:中哈原油管道项目、PK项目、ADM项目、KAM项目、曼格斯套项目、阿克纠宾项目、北布扎奇项目、肯—阿西北管道项目、里海达尔汗区块项目、中石化FIOC和中亚项目、卡拉赞巴斯油田项目、中哈铀开采项目等。 基础设施领域:阿斯塔纳北京大厦项目、鲁特尼奇水电站项目、通信网络建设项目、双西工程项目、努尔苏丹市环城公路等。 制造业领域:阿克套沥青厂、医疗中心、奇姆肯特炼厂现代化改造、西里水泥厂、克孜勒奥尔达州玻璃厂、阿拉木图州太阳能电厂

续表

国家	重点项目
吉尔吉斯斯坦	基础设施建设：吉尔吉斯斯坦4个路段总计66.9千米道路改造项目、南北电网改造项目、吉尔吉斯斯坦BK公路项目、比什凯克热电站项目、北—南公路修复一期和二期项目等。 制造业领域：亚洲之星农业产业合作区
塔吉克斯坦	能源领域：中亚天然气管道D线项目。 基础设施建设：塔克斯坦直辖区500千伏输变电项目；格拉芙纳亚240兆瓦水电站技改项目；瓦赫达特—亚湾分支铁路项目、舒拉巴德 - 安吉洛彼道路改建修复项目、中亚道路连接线塔吉克斯坦路段项目、瓦赫达特—亚湾铁路桥隧项目、杜尚别2号热电厂二期项目、塔政府直辖区电网500千伏高压输变电线路项目、220千伏艾尼—鲁达基输变电（Lot2）项目。 制造业领域：塔铝冰晶石和氟化铝工厂项目、年产5万吨铅冶炼厂项目、纺纱项目、120万吨石油冶炼厂项目、塔中矿业产业园、中泰新丝路纺织园、河南黄泛区农业示范园等合作区、塔吉克斯坦国家工业园等
乌兹别克斯坦	能源领域：沙尔贡煤矿现代化改造项目。 基础设施建设：吉兹尔特帕泵站的现代化及修复项目。 制造业领域：UNF化肥项目、鹏盛工业园
土库曼斯坦	能源领域：巴格德雷合同区B区内部集输二期四阶段项目和萨曼杰佩增压站、EPCC项目、中土天然气管道项目、油井修复和钻井项目等。 制造业领域：通信设备及网络设施改造项目、铁路设备出口等

资料来源：http://www.mofcom.gov.cn。

表3 - 3　中国在西亚国家投资的部分重点项目

国家	重点项目
土耳其	安卡拉—伊斯坦布尔高铁二期项目 土耳其中国工业园
卡塔尔	多哈新港项目
以色列	海法德阿什杜德港口建设项目
伊朗	德黑兰城乡铁路公司合资组装地铁客车
科威特	萨巴阿尔萨林大学城商学院和女子学院项目
阿拉伯联合酋长国	中阿（阿拉伯联合酋长国）产能合作示范园，曼德油田
格鲁吉亚	第比利斯绕城铁路项目
沙特阿拉伯	延沙石化
阿塞拜疆	SALIYAN陆上油田

二、中国—中亚—西亚经济走廊建设面临的挑战与机遇

(一) 中亚与西亚国家经济联系较弱,经济走廊特征不明显

长期以来,中亚和西亚地区是两个相对独立的地理单元,中亚、西亚地区地域空间广阔、地形复杂,不同国家间地理区隔明显,交通发展难度大。这两个地区近代以来经济联系不多,两个地区间贸易额很小,主要原因是经济发展水平偏低,中亚国家都是内陆国,没有出海口,长期以来,这些国家经济外向型程度不高。中亚地区过去为独联体国家,缺乏外贸自主权,发展也缺少外部因素推动。中亚国家间贸易额一直以来仅占其贸易总额的 10%,国家缺乏内部合作基础。

西亚地区因为宗教冲突、恐怖主义、生存空间争夺以及美国等外部势力长期参与,局势处于持续动荡状态。中亚国家人口出生率较高,人口结构较为年轻,而经济结构以矿产、能源为主,吸收就业能力有限,大量年轻人无法充分就业,客观上成为恐怖主义、极端主义滋生的社会土壤。从经济空间联系看,西亚地区多为沿海国家,其外部经济联系主要通过海运进行,是 21 世纪海上丝绸之路的重要线路,如原油等运输都是通过海运进行。一直以来,中国与西亚陆上走廊效应不明显,近年来随着中欧班列快速发展,特别是新冠疫情后,海运运价大幅上涨,中欧班列优势进一步凸显。一些地方也开通了中国到伊朗、中国到沙特的班列,陆上通道作用开始显现。

(二) 中亚、西亚地区地缘环境复杂,经济走廊建设存在特殊困难

中国—中亚—西亚经济走廊在"一带一路"六大经济走廊中有着特殊重要地位,处于麦金德所述亚欧大陆岛新月地带的核心地带,在全球战略格局中处于极为重要的战略地位。走廊文明类型多样,民族关系历史纠葛较深,宗教信仰复杂。西亚地区石油资源富集,长期以来是美

西方国家战略重点，叙利亚、伊拉克、伊朗、以色列与巴勒斯坦等国战火不断。大中东地区宗教、种族、民族关系复杂，长期以来是全球地缘政治中心和全球动荡之源。这一地区也是全球战略需要重点关注的地区之一。

中亚地区传统上是俄罗斯的势力范围，俄罗斯有着较大的政治和军事影响力，美国通过反恐战争有意在这一地区扩大影响力，其意图是与中俄搞战略对冲。近年来，随着"一带一路"建设的快速推进，中欧班列对中亚地区的带动作用明显，美国不希望看到我国在中亚地区经济影响力的上升，将来会加大对这一地区的渗透，阻滞我国与中亚地区的经济合作。

长期以来，美国全球战略重点主要是在欧洲和中东，中东地区占据了美国大部分战略和外交资源。美国从小布什政府开始就将中国定为竞争对手。1999 年 11 月 19 日，小布什总统在里根图书馆发表演讲，称"中国是竞争对手而不是伙伴"，美国国务卿赖斯 2000 年在《外交》杂志上撰文称，"中国是战略竞争对手而不是战略伙伴"。2001 年，美国军机在我国南海海域搞抵近侦察，4 月 1 日发生了中美南海撞机事件，给中美关系带来极大挑战。2001 年，美国发生了"9·11"事件，这一事件改变了美国当时的政策走向，美国不得不把战略重点放在中亚、西亚地区，发动反恐战争，打击以本·拉登为首的"基地"组织和阿富汗塔利班。之后美国奥巴马政府、特朗普政府都表示美国将战略重点尽快转向亚太，以遏制和平衡中国的主张。但是中东地区对美国牵绊过深，实现其所谓的战略重点转移并非易事。奥巴马政府时期美国提出"亚太再平衡战略"，创立了美国—东盟峰会机制，加强了在澳大利亚驻军，极力推进跨太平洋伙伴关系（TPP），力图在经济上围堵中国。但这一时期的中东政治发展表明，美国想抽身并不容易。2010 年年底，阿拉伯世界多国发生颜色革命，整个地区陷入动荡之中，2014 年"伊斯兰国"在伊拉克崛起，一度直逼首都巴格达，美国投入重要战略资源打击"伊斯兰国"势力,其所提出的"亚太再平衡战略"只能留给接下来的特朗普政府。

特朗普政府同样把战略重点转向亚太,但特朗普也无法在中东实现实质性战略收缩。美国推进与阿拉伯联合酋长国、巴林等国和以色列建立全面外交关系,但是美国受国内犹太人利益集团影响巨大,特朗普政府将其驻以色列使馆从特拉维夫迁往耶路撒冷,招致巴勒斯坦人民强烈反以,给本不安定的中东(西亚地区)带来新的不确定性。同时在亚太地区,特朗普直接宣布退出了TPP,提出搞"印太战略",把其位于夏威夷的原太平洋海军司令部改为"印太司令部",推进与日本、澳大利亚、印度的战略合作,力图在跨太平洋和印度洋两洋区域构建遏制中国的联盟。事实上,美国从中东地区收缩更像是一个脱离实际难以实现的主观愿望。中东地区是全球能源库,是全球海陆空运输的十字路口和资金、人口流动的中心枢纽。

(三)中亚、西亚地区发展基础较弱,给各方合作带来挑战

基础设施互联互通是中国与"一带一路"沿线国家经济合作的重点领域之一。中亚位于亚欧大陆的中心,自古以来就是我国向西开放的必经之路。目前,中亚5国交通基础设施较为落后,不能满足当地经济发展的需要。一些中亚国家对"一带一路"倡议仍然存在误解,仍不时有"中国项目不透明"等声音。中国与中亚国家技术标准不一致,中亚国家除土库曼斯坦外,几国普遍采用苏联技术标准,这也给"一带一路"合作增加了人力、物力和时间成本。

西亚国家基础设施发展水平差异较大,海湾产油国凭借雄厚的石油美元和稳定的政治局面,基础设施水平总体较高。土耳其、以色列的基础设施较为完备。一些国家(如伊朗、也门)因为经济增长乏力,基础设施投资、建设水平相对滞后,还有国家饱受战乱冲突,基础设施遭到破坏。伊拉克历经多年战乱,基础设施损坏严重,公路路况差,轨道交通发展停步,电力严重缺乏,通信业发展滞后。西亚地区基础设施发

展不平衡，在土耳其、伊朗、叙利亚和伊拉克等国的库尔德人居住区，基础设施建设和投资严重不足。西亚国家公路密度总体较低，目前仅有黎巴嫩、土耳其和叙利亚的公路密度超过中国，公路发展水平仍无法满足经济社会发展需要。铁路建设较为滞后，现运行铁路大部分仍为20世纪前半期西方殖民国家修建的。现有铁路速度、舒适度等方面较落后，维护和更新不足。

西亚地区电力需求缺口。近年来，随着人口增长和工业化、城市化进程加速，整个阿拉伯地区电力需求迅速增长，电力项目是西亚地区工程承包的主要领域。目前海合会国家人均电力消费水平很高，根据世界银行2019年数据，巴林、卡塔尔、科威特人均消费电量分别为19 592千瓦时、15 309千瓦时、15 213千瓦时，而在非产油国家，目前人均电力消费水平低于世界平均水平。

中亚国家脱胎于苏联时期的地方计划经济，苏联发展使中亚地区很好地摆脱了较为落后的部落政治和自然经济，初步形成了具有现代经济特征的政治、经济和社会制度。中亚五国在资源禀赋、经济发展模式、基础设施保障方面差异较大，哈萨克斯坦、土库曼斯坦属于以油气资源为基础的资源型经济，哈萨克斯坦经济总量超过其余四国总和，作为油气生产和出口大国，哈萨克斯坦和土库曼斯坦近年来经济增长速度很快。目前，西亚地区在力图推进经济多元化转型，其能否顺利转型对现代化基础设施提出很高要求。

（四）中亚、西亚地区整体营商环境差别较大，给合作带来不确定性

目前，中亚地区投资合作的法律基础有待加强。近年来，随着"一带一路"建设不断推进，我国在中亚地区的投资纠纷日益增多。根据世界银行公布的包括190个经济体的《全球营商环境报告2020》中数据，哈萨克斯坦在中亚国家中排名最高，为第25位。乌兹别克斯坦、吉尔吉斯斯坦、塔吉克斯坦分别排第69位、第80位、第106位。中亚地区贸易成本较高,纳税程序烦琐。一些国家还存在腐败现象,中亚五国在全球廉洁指数排名中都在第 120 名之后(2018 年中亚国家廉洁指数全球排名中,哈萨克斯坦、吉尔吉斯斯坦、塔吉克斯坦、乌兹别克斯坦、土库曼斯坦分别为第 124 位、第 132 位、第 152 位、第 158 位、第 161 位)。

"一带一路"倡议提出后,中亚国家与我国开展产能合作较早,受到制度环境、贸易投资便利化水平等影响,产业合作总体水平不高。中亚国家为内陆国家,交通、物流基础设施发展水平较低,现有铁路老化,技术落后,货物价格是其他国家的 2 倍多。中亚国家海关货物进出关时间较长,如乌兹别克斯坦货物入关手续需要 111 小时,哈萨克斯坦办理边境出口手续最长时间达 133 小时。根据世界银行《2018 年世界物流绩效指数》,中亚国家除了哈萨克斯坦排名处于中间水平,其他四国均处于靠后位置。中亚国家非关税壁垒较高,给贸易发展带来了很高的隐形贸易成本。

从整个中东地区来看,尽管基础设施需求强劲,但面临的资金缺口比较大,存在融资困难的问题。根据世界银行的报告,中东地区用于基础设施建设支出仅占 GDP 的 5%,全球平均水平为 10%,中国这一比例已达 15%。

(五)传统领域合作有待深化,新兴领域合作前景广阔

西亚所在阿拉伯世界油气资源丰富,截至 2019 年年底,阿拉伯国家已探明石油储量 1 000 亿吨,占全球已探明石油储量的 42.9%,2019 年,阿拉伯国家石油日产量达到 3 378.6 万桶,占全球石油日产量的 35.5%。阿拉伯国家已探明天然气储量为 51 亿立方米,占全球已探明储量的 25.7%,2019 年,阿拉伯国家天然气总产量为 6 016 亿立方米,占全球当年天然气产量的 15.1%,是中国最大进口石油来源地。

西亚地区基础设施需求巨大,即使是基础设施相对完善的海合会国家,也存在巨大的基础设施升级需求。卡塔尔、沙特阿拉伯、阿拉伯联合酋长国等国都有庞大的基础设施建设计划。阿拉伯联合酋长国和卡塔

尔比较关注建筑市场，沙特阿拉伯重点在于电力和新能源项目，阿曼希望推动水电和污水处理。以色列希望发展高速铁路，改善边远地区的交通条件。伊拉克、叙利亚的战后重建基础设施是重点。同时，一些西亚国家希望复制迪拜杰贝勒·阿里港成功模式，未来这一地区的港口以及航空基础设施建设需求也很大。

信息通信产业增长迅速。目前，电信和通信业是西亚国家改革较为成功也较为开放的部门。海合会国家信息通信业在这一地区处于领先地位，伊朗、黎巴嫩次之，约旦、也门、伊拉克等国发展水平较低。目前，西亚各国数字发展水平总体偏低，除少数国家部分地区外，光纤、宽带及移动网络覆盖率较低，普通民众感觉上网费用偏高。区域数字经济发展不平衡、不明显，区域内部呈破碎状态。沙特阿拉伯、阿拉伯联合酋长国的数字联通度处于"较高"水平，卡塔尔、科威特处于"中等"水平，巴林、约旦、伊拉克、也门、巴基斯坦处于"较低"水平。这些国家数字人才普遍短缺，青年人从事数字相关产业愿意较低，一些数字领域人才流向国外，总体上各国对数字技术的研究投入和产业水平不高。

中亚国家数字经济处于较低水平，哈萨克斯坦是中亚国家中数字基础设施相对较好的国家。近年来，中亚国家高度重视数字经济发展，2019年，上海合作组织《比什凯克宣言》提出以创新和数字经济实现中长期经济增长和可持续发展，2017年哈萨克斯坦出台了《数字化的哈萨克斯坦国家纲要》，提出经济领域数字化、国家向数字经济过渡、建设"智慧城市"和"数字丝绸之路"等目标。吉尔吉斯斯坦也制定了建设"智慧国家"目标"Taza Koom"，规划到2040年实现建立基于绿色技术和清洁能源的包括宽带电信网络、数据处理中心、云技术、数字平台在内的世界级数字基础设施，创建开放的数字社会，使吉尔吉斯斯坦成为"丝绸之路"上的数字商业和创新枢纽。《塔吉克斯坦2030年前发展战略》《土库曼斯坦2019—2025年数字经济发展构想》《乌兹别克斯坦发展数字经济的措施》，也都对本国数字经济发展目标、重点领域做出规划。

西亚所在的阿拉伯国家近年来高度重视数字经济发展。2018年，阿拉伯国家联盟推进出台了"阿拉伯数字经济共同愿景战略"，力图以数字经济快速发展推动整个地区加快经济转型。西亚国家也推出了本国的数字经济发展战略。阿拉伯联合酋长国提出了"2021区块链战略"和"2031人工智能战略"，阿曼的"数字阿曼2030战略"，重点放在数字转型中的人工智能、区块链、大数据、"智慧城市"、物联网等领域。在沙特阿拉伯"2030愿景"中把本国通信行业转型，特别是技术和创新本地化、数字支付、电子商务等作为重要方面。近年来，我国以5G为代表的数字基础设施发展迅速，电子商务等新兴业态发展全球领先，西亚国家表达了希望借助中国数字经济发展经验和技术、加速本地区经济数字化转型的愿望。国家发展改革委已与沙特阿拉伯、阿拉伯联合酋长国等国签署了《网上丝绸之路建设合作谅解备忘录》。

三、中国—中亚—西亚经济走廊推进策略

鉴于中亚、西亚地区复杂的地缘形势，推进中国—中亚—西亚经济走廊建设，要坚持"务实、多元、有力"的原则，尊重地区和国别的特殊性，加强合作示范引领作用，有效抵减域外大国的势力影响，做好风险防范和化解工作。

（一）不断增强中国与有关国家的政治互信

要发挥上海合作组织、亚洲合作对话（ACD）、亚信会议（CICA）、中国—阿拉伯国家经济合作论坛、中国—海合会国家论坛的作用，进一步增强各国对我国提出的"一带一路"共商共建共享发展理念的理解和认同，加强与各方战略对接，发挥我方主办的中国—阿拉伯国家博览会、中国西部博览会等平台作用，不断拓宽合作领域，提升各方的合作获得感，增强合作动力和意愿，以不断深化的政治互信推进"一带一

路"建设不断走深走实。

（二）坚持"双边"或"小多边"对话合作机制先行

从经济走廊建设来说，中亚和西亚国家应该有充分的经济联系，但由于历史原因和现实经济发展条件，中亚、西亚间经济联系较弱是必须接受的事实。考虑到这两个地区复杂的种族、民族和宗教矛盾，推进中国—中亚—西亚经济走廊建设目前还不大可能实现"一体化"或"大多边"。美国撤出阿富汗后，中亚、西亚地区地缘形势处于调整之中，当前中国—中亚—西亚经济走廊建设应把合作重点放在与相关国家"双边"或"小多边"合作机制上，形成以点成线进而形成面的效果。总体来看，形成一个包括本地区所有国家的经济走廊建设机制是不现实的，但现阶段可以通过沿线国家智库先行，联合有关机构开展"中国—中亚—西亚"经济走廊建设研究，充分了解各方意愿，寻找合作的最大公约数，在可能的时候形成比较认可的中国—中亚—西亚总体设计。

（三）推进陆上丝绸之路与海上丝路相协调配合

西亚诸国处于"三洲五海"之地，是 21 世纪海上丝绸之路的重要节点国家，是"一带一路"陆海交会之地。中国—中亚—西亚经济走廊单纯就"陆"谈"陆"是不全面的。要着力推进陆路互联互通，进一步实现中国—中亚—西亚经济走廊与土耳其"中间走廊"、哈萨克斯坦"光明之路"、阿塞拜疆和土库曼斯坦"复兴古丝绸之路"计划等的对接，提高各方互联互通水平。当前要着力解决运输成本高、转运过程复杂、效率低下等问题。油气资源进口是我国与西亚国家合作的重点领域，目前合作主要是通过海上运输方式。随着中欧班列不断拓展，2016年开通了中国经中亚到西亚的首趟班列——义乌—伊朗德黑兰班列，班列从阿拉山口出境，经哈萨克斯坦、土库曼斯坦进入伊朗境内，历时14 天。大量中国小商品进入伊朗，班列受到当地民众的欢迎。2021 年下半年国内煤炭价格大幅上涨，浙江进口哈萨克斯坦动力煤，是从哈萨克斯坦国内通过铁路运抵黑海，再经黑海上船走海运到浙江，陆海两大走廊有效联通对我国意义重大。

（四）务实推进我国和中亚、西亚各领域合作

推进与有关国家在传统领域的合作。加强与有关国家的农业合作。中亚地区土地资源丰富，农业旱作条件较好，中亚国家农业发展总体处于起步阶段，合作前景广阔。我国与有关国家可以开展种子培育、土壤改良、节水灌溉、高产栽培等实用技术推广，提升其农业产量、收益和农业生产技术水平。

深化我国与中亚、西亚国家的经贸合作，通过国际展会、跨境电商、市场采购等多种形式，推进中国制成品出口，加大中亚国家优质农产品进口力度。不断提高贸易便利化水平。加强我国与各方能源合作，中国是中亚、西亚国家的主要能源市场，要建立稳定可靠的战略性能源合作机制，加强陆上油气管道建设，为我国能源安全提供充分保障。要切实推进产能合作，推进我国冶金、石化、建材、农机、家电、汽车、通信设备等优质产能"走出去"，为当地就业和经济增长做出贡献。

推进与有关国家在数字等新兴领域的合作。要注意根据各国不同发展水平，分级逐步展开。近期要从发展基础较好的国家做起，构建中国与西亚国家数字合作支点，推进与本地区优势国家共同打造数字合作示范性项目，当前应优先在阿拉伯联合酋长国、沙特阿拉伯、阿曼、巴林、科威特等资本充足且数字经济发展基础较好的国家推进合作，可以在金融科技、电子商务、智慧物流、数据中心建设等方面率先取得成效。要推进中国数字技术标准"走出去"，在当地落地生根，推动当地在资源层、数据层和应用层的接口采用中国标准。加强对当地数字人才的培训，增强公众数字素养。加强数字治理领域的沟通与合作，共同提升发展中国家的数字话语权和规则制定权，推进形成对中国与阿拉伯联合酋长国共同有利的全球数字规则和治理机制，有效维护数字权益，特

别是结合新冠疫情以来在线办公、在线文娱、在线教育、远程医疗等快速发展的新业态，不断提高中国与有关国家合作的广度和深度。

（五）加快推进各项合作机制建设

要在各方战略和政策沟通的基础上，加强与各方有关投资保护、避免双重征税、货币互换、跨境交通运输、人员往来、海关监督互信和通关便利、司法协助等方面合作，不断优化投资环境。要充分发挥亚投行等金融机构的作用，拓展与世界银行、国际货币基金组织、亚洲开发银行等的合作，广泛吸纳国内商业银行参与项目融资，为经济走廊提供有力的资金保障。

（六）加强文化交流、文明互鉴和民心相通

中国—中亚—西亚经济走廊各国历史悠久文化传统深厚，文明形式和文化基因多样，有着丰富的自然和历史文化遗产。要加强互派留学生、旅游、中医药、考古以及地方、青年、妇女、媒体等领域交流，增强各方对中国的认同，努力构建和平、平等、包容和建设性的伙伴关系，为走廊建设创造良好的发展环境。

（七）加强风险管控和危机处理能力建设

要增强风险意识，及时有效识别中国—中亚—西亚经济走廊建设中的政治、经济和社会风险，跟踪有关国家政局变化、宗教矛盾、社会情绪以及域外国家的介入等动态情况，警惕域内分裂主义、极端主义和恐怖主义"三股势力"，进行科学风险评估，有效规避可能出现的各种风险。

四、结语：以文明互鉴推进人类命运共同体建设

拜登政府在 2021 年 3 月发布的《临时国家安全战略指南》中，公开将中国定位为"全球唯一的经济、外交、军事与科技全方位竞争对

手"。美国国务卿布林肯称中美关系是"21世纪最大的地缘政治挑战"。

要特别重视美国在战略上"欲走还留"给中亚、西亚地区带来的多重影响。特别是共建丝绸之路向西不断拓展和深化,不排除美国将现有企图遏制中国的"印太战略"地理空间继续向西亚延伸,以便形成一个更大范围的围堵中国经济活动的圈子。美国已有学者提出,"华盛顿将亚太和中东视作两个独立区域的观点,或者在不考虑跨区域联系的情况下对其分量进行权衡的做法,是不准确也是不慎重的"。"亚太经济增长严重依赖中东地区油气资源,需要两大地区之间海上航道的安全与稳定",美国可能搞出以打击中国能源供应为抓手的中东战略。近年来,美国对我国在西亚地区合作设绊,2019年1月美国向以色列提出停止中国公司参与以色列海法新港口的建设和运营,2020年5月要求以色列取消中国公司参与以海水淡化厂项目投标资格。美国要求以色列审查涉及中国5G项目。美国还向沙特阿拉伯和阿拉伯联合酋长国施压,要求这些国家终止与中国高科技企业的合作。未来在对我国同西亚国家合作方面,美国的干扰、阻挠和破坏活动不会停止。

2021年,美国拜登政府仓皇从阿富汗撤军,其主要意图是推进战略重心从反恐中脱手,加快向应对大国战略竞争中转移。美国一直将中亚地区视为与中俄开展战略竞争的关键区域。美国从阿富汗撤军不代表美国在中亚地区终结军事存在,其目的是使战略重点继续向北部中亚地区纵深推进,是"以退为进"之举,意在把战略目标进一步聚焦在"中俄"方向。目前,美国正谋求在与阿富汗接壤的乌兹别克斯坦和塔吉克斯坦建立军事基地,企图以此削弱俄罗斯在这一地区的传统影响,同时阻止中国"一带一路"建设项目推进,限制中国在中亚地区不断上升的影响力。

长期以来,美俄中三国在中亚地区形成了美国的人文和社会影响力、俄罗斯的政治和军事影响力、中国的经济影响力并存的局面。美国中亚政策调整将对中亚各国的安全稳定造成冲击,既有大国在中亚地区形成的脆弱平衡局面面临严峻挑战。美国会把中亚作为对中俄两大国同时开展遏制的理想据点和阵地。目前阿富汗动荡存在外溢风险，其危害必然会波及邻近国家，对我国的中亚、西亚经济走廊建设造成影响。

西亚地区要特别重视土耳其、伊朗、沙特阿拉伯、以色列等的特殊作用。推进建设中国与中亚、中国与西亚地区（可以与部分国家分别进行）政治互信、经济合作、文化包容、健康卫生领域协调的利益共同体、责任共同体、安全共同体和发展共同体，在此基础上携手合作共同建设命运共同体。

专题四

中国—中南半岛经济走廊建设研究

中国—中南半岛经济走廊的起点为中国的广西南宁和云南昆明，终点为新加坡，纵贯越南、老挝、柬埔寨、泰国、缅甸、马来西亚等国，是共建"一带一路"六大经济走廊之一。

一、中国—中南半岛经济走廊建设整体状况与进展

9 年来，中国—中南半岛经济走廊建设取得成效，昆曼公路、中老铁路、中泰铁路等重大项目取得显著进展。

（一）经济走廊合作机制与平台基本形成

中国政府已经与东盟所有 10 个成员国政府签订了"一带一路"相关合作文件。2017 年"一带一路"国际合作高峰论坛期间，中国政府与新加坡、缅甸、马来西亚等东盟国家政府签署政府间"一带一路"合作谅解备忘录；中国政府与老挝、柬埔寨政府签署共建"一带一路"政府间双边合作规划；中国政府与泰国政府签署政府间和平利用核能协定；中国政府与马来西亚政府签署水资源领域谅解备忘录；中国商务部与柬埔寨公共工程与运输部签署关于加强基础设施领域合作的谅解备忘录；中国交通运输部与柬埔寨、缅甸等国有关部门签署"一带一路"交通运输领域合作文件；中国国家海洋局与柬埔寨环境部签署关于建立中柬联合海洋观测站的议定书；中国国家开发银行与印度尼西亚—中国高铁有限公司签署雅万高铁项目融资协议，与老挝等国有关机构签署港口、电力、工业园区等领域基础设施融资合作协议；中国进出口银行与

柬埔寨经济财政部签署公路项目贷款协议,与越南财政部签署轻轨项目贷款协议,与缅甸仰光机场公司签署机场扩(改)建项目贷款协议;中国政府与越南、柬埔寨、老挝、菲律宾、印度尼西亚、缅甸等国家政府签署经贸合作协议;中国商务部与越南工业贸易部签署关于电子商务合作的谅解备忘录;中国国家质量监督检验检疫总局与柬埔寨、马来西亚等国有关部门签署《关于加强标准合作,助推"一带一路"建设联合倡议》;中国进出口银行与柬埔寨、老挝财政部门签署工业园、输变电、风电、水坝、卫星、液压器厂等项目贷款协议,与菲律宾首都银行及信托公司签署融资授信额度战略合作框架协议;中国国家开发银行与印度尼西亚、马来西亚等国有关机构签署化工、冶金、石化等领域产能合作融资合作协议;中国进出口银行与马来西亚进出口银行、泰国进出口银行等"亚洲进出口银行论坛"成员机构签署授信额度框架协议;中国出口信用保险公司与老挝财政部、柬埔寨财政部、印度尼西亚投资协调委员会等有关国家政府部门签署框架合作协议;中国教育部与老挝等国教育部门签署教育领域合作文件;中国原国家旅游局与柬埔寨旅游部签署旅游合作备忘录实施方案;中国国务院新闻办公室与柬埔寨新闻部、文莱首相府新闻局签署媒体交流合作谅解备忘录;中国国务院新闻办公室与柬埔寨外交与国际合作部、文莱外交与贸易部政策与战略研究所签署智库合作促进计划谅解备忘录等。

(二)经济走廊基础设施互联互通加速推进

中老铁路是中老经济走廊的骨干项目,是中国—中南半岛经济走廊将老挝"变陆锁国为陆联国"的标杆项目,对于改善老挝基础设施状况、带动当地经济社会发展具有重要意义。中老铁路建成后,老挝国内的交通运输业将得到极大改善,促进老挝与中国及东盟其他国家间的贸易和人员往来,当地老百姓也将收获实实在在的便捷和利好。通车后3小时即可从中老边境直达万象,往来乘客不再需要乘坐16小时的长途汽车。中老铁路不仅是中老两国推进"一带一路"建设的旗舰项目,还是推进中国—东盟自由贸易区建设的重要基础设施。全线通车后，中老铁路将成为实现中国—东盟互联互通的重要一环，对于进一步深化各领域合作、带动沿线地区经济社会发展意义重大。中泰铁路全长250千米，首段为曼谷到呵叻，2022年完工，这将是泰国的第一条标准轨高速铁路，有利于加强中泰之间的互通往来。雅万高铁是中国—中南半岛经济走廊的标志性项目，连接印度尼西亚的雅加达和万隆，全长142千米，是我国高铁在海外落地的典范工程，对于助力印度尼西亚经济社会发展、深化中印两国经贸合作和人文交流具有重要意义。包括马来西亚关丹港、印度尼西亚比通港、斯里兰卡汉班托塔港等在内的"多国多港"国际枢纽网络体系正在形成。在航空运输方面，中国与印度尼西亚、柬埔寨等国家扩大了航权安排。能源基础设施方面，大力推动能源基础设施互联互通，积极开展与周边电力互联互通规划研究，重点推动与老挝、泰国等国的电力互联互通项目。越南海阳燃煤电厂为越南能源工业发展提供了有力支撑。

（三）跨境和境外经济合作区建设不断加速

以磨憨—磨丁、东兴—芒街等合作区为代表的跨境经济合作成效显著。2015—2016年，中老两国先后签署了《中国老挝磨憨—磨丁经济合作区建设共同总体方案》《中国老挝磨憨—磨丁经济合作区共同发展总体规划》，并在中国云南省磨憨口岸和老挝南塔省磨丁口岸成立了"中国老挝磨憨—磨丁经济合作区"。2019年，磨憨进出口贸易总量完成472.8万吨，同比上升28.5%；进出口贸易总额完成222.43亿元人民币，同比上升47.02%；全年出入境人员总数203.81万人次，同比上升16.06%；出入境车辆总数58.85万辆次，同比上升14.2%。受新冠疫情影响，2020年，磨憨口岸进出口贸易总量完成446.86万吨，同比下降8.9%，其中出口贸易量完成116.22万吨，同比下降27.14%，进口贸易量完成330.64万吨，同比下降0.1%；进出口贸易总额完成185.69亿元人民币，同比下降11.6%，其中出口贸易额完成92.40亿元，同比下降 15.2% ，进口贸易额完成 93.29 亿元，同比下降 7.7% 。
中国东兴—越南芒街跨境经济合作区总投资约 56 亿元，重点推进 30 个
建设项目。

（四）经济走廊参与方获得实实在在的好处

中国—中南半岛经济走廊成为中国与东盟合作的新亮点，双方之间
的贸易投资增长迅速。2020 年，中国—东盟货物贸易进出口总额达
6 846 亿美元，同比增长 6.7% ，东盟先后超过美国、欧盟，成为中国第
一大货物贸易伙伴。2020 年，中国对东盟全行业直接投资 143.6 亿美
元，同比增长 52.1% ；东盟对华实际投资金额为 79.5 亿美元，同比增
长 1.0% ；中国企业在东盟新签工程承包合同额 611.0 亿美元，完成营
业额 340.0 亿美元。2022 年，《区域全面经济伙伴关系协定》（RCEP）
的正式实施，将推动中国和东盟贸易投资保持快速发展的良好势头，实
现产业链和供应链深度融合发展。

（五）中老经济走廊转向全面实施阶段

中老经济走廊从 2017 年概念提出，到 2018 年完成顶层设计，转向
当前全面实施阶段。中老两国高度重视，按照《中老经济走廊合作规
划》要求，采取了一系列扎实有效的具体举措，以中老铁路为引领，
以赛色塔综合开发区、磨憨—磨丁经济合作区为突破口，全面推进中老
经济走廊建设。总体来看，按照《中老经济走廊合作规划》要求，各
项任务有序推进，合作目标逐步落实，取得了早期收获，成为两国全面
合作的新亮点，进一步促进了两国经济深度渗透、彼此促进，进一步夯
实了"中老命运共同体"。目前，中老经济走廊建设进展顺利，建设进
度远超预期。其中以中老铁路、磨万高速公路（万荣—万象段）为主
的基础设施建设进展顺利。赛色塔经济综合区和磨丁跨境经济合作区快
速推进。

（六）陆海新通道为经济走廊建设提供了新机遇

陆海新通道将进一步促进中国与中南半岛的互联互通。中新互联互通南向通道在提出 1 年 9 个月后，2018 年 11 月 12 日正式更名为"国际陆海贸易新通道"（简称陆海新通道），其建设范围不再局限于中新两国，建设方向从基建的"硬联通"扩展到数据等"软联通"。目前，中新双方正在编制陆海新通道合作规划。前期重点打造铁海联运通道和跨境公路通道两条线路，未来还将开通西线货运班车。海铁联运即从新加坡港或越南东部港口通过海运进入广西北部湾，再经由铁路、公路等方式进入中国西部，并在重庆等地无缝连接中欧班列、长江黄金水道。跨境公路通道即与中国接壤，或者身处内陆的其他东盟国家的货物可以选择沿国际铁路、跨境公路从云南入境，然后连接其他中国西部省份，最终与中欧班列、长江黄金水道等战略通道衔接，以便快捷分发到中国西部、长江经济带以及欧洲、中亚。"共享陆海新通道新机遇"是第 18 届中国—东盟博览会主题。建设 3 年，东盟国家已从中获得了实实在在的好处。中国铁路部门统计显示，西部陆海新通道铁海联运班列最初每周只有 1 列，现在每天有 10 列以上。陆海新通道铁海联运从 2017 年的 178 列迅速增长至 2020 年的 4 607 列；尽管新冠疫情肆虐，截至 2021 年 8 月底，陆海新通道铁海联运班列累计开行 3 624 列，同比增长 80%。随着陆海新通道的深入推进，东盟与中国西部地区的贸易额也在不断攀升。重庆、四川、云南、广西等 4 省（区、市）与东盟的贸易额从 2017 年的 4 471 亿元（人民币，下同）提升至 2019 年的 5 907 亿元，复合增长率达到 15%。综合来看，陆海新通道在"一带一路"建设规划的中蒙俄、新亚欧大陆桥、中国—中亚—西亚、中国—中南半岛、中巴、孟中印缅六大经济走廊中扮演着重要角色。通过中欧班列，陆海新通道有望成为盘活区域合作架构、连接六大经济走廊、贯通亚欧大陆互联互通的重要通道。

（七）"数字丝绸之路"加速区域互联互通

跨境陆缆系统覆盖了中国—中南半岛经济走廊多个国家和区域，中国—东盟跨境国际陆缆扩容工程，亚非欧 1 号（AAE－1）国际海底光缆、亚欧 5 号（SWM5）国际海底光缆、亚太直达海缆（APG）以及南大西洋国际海底光缆（SAIL）不断推进，在"一带一路"沿线形成安全、稳定、优质的国际通信网络光通道。在陆缆工程方面，南宁国际局—东兴—越南、南宁国际局—凭祥—越南、南宁国际局—勐腊—老挝以及南宁国际局—瑞丽—缅甸四路国际陆路光缆已经全部开通使用。中国—东盟信息港的顺利推进，进一步提升了以广西为支点的中国—东盟信息港辐射和服务东盟的能力。此外，随着 5G 网络的发展，5G 网络商用成为"数字丝绸之路"发展动能的催化剂。在东南亚国家，5G 服务的发展正在加速，借助 5G 商业模式促进经济增长的东南亚国家和海合会国家与在相关技术领域处于领先地位的中国展开合作。与东盟"智慧城市"合作稳步开展，共同建设更加普惠友好的数字社会，支持建立互惠互利城市伙伴关系。《中国—东盟"智慧城市"合作倡议领导人声明》的签署为该地区实现全面互联互通增添了新动力。

（八）中新第三方市场合作取得实质性成果

第三方市场合作旨在将中国的优势产能、发达国家的先进技术和广大发展中国家的发展需求有效对接，是"一带一路"倡议下深化国际产能合作的重要标志，但其有别于传统的第三方市场合作机制。东南亚各国应相融以利，从次区域合作的整体利益出发，以更开放的精神、更宽阔的视野和更高远的目标联手第三方国家市场。如新加坡最大的本地银行星展银行（DBS）和中国银行共同为印度尼西亚一座新建的氧化铝冶炼厂提供资金；新加坡基础设施咨询公司盛裕集团与中国国有丝路基金签署设立"中国—新加坡共同投资平台"框架协议，共建 5 亿美元的基础设施共同投资平台，为东南亚的基础设施项目提供资金等，以提升两国企业的国际化水平，使其在企业社会责任规范、环境标准和债务可持续性方面符合国际规范。在此基础上，中国与新加坡在开拓第三方市场层面的合作不断升级并逐步机制化。2018 年 4 月，中新签署了《关于开展第三方市场合作的谅解备忘录》，并于 2019 年 4 月升级为《关于加强中新第三方市场合作实施框架的谅解备忘录》，提出"双方同意鼓励两国企业在基础设施、产业园区、数字经济、航运物流等领域加强共建'一带一路'框架下的第三方市场合作"。

二、中国—中南半岛经济走廊建设面临的风险与挑战

中国—中南半岛经济走廊建设在取得显著成绩的同时，也出现了一系列矛盾、问题与挑战，需要高度重视。

（一）经济走廊建设面临复杂的地缘政治关系

目前，中国—中南半岛经济走廊成为大国博弈的焦点地区。2018 年 4 月，泰国安美德公司与老挝计划投资部签署老北地区开发谅解备忘录，随即在中老边境磨丁镇以南 16 千米的纳堆镇及周边地区展开土地征收计划。一旦中老铁路口岸站移至纳堆，将使中国主导的磨丁经济开发区的已有开发投资付诸东流，严重影响中老磨憨—磨丁经济合作区发展，拖慢中老经济走廊建设步伐。

（二）经济走廊建设面临国外部分舆论恶意抹黑

"十四五"和今后一段时期，"一带一路"建设发展面临更加复杂的国际形势，国际力量对比"东升西降"，西方大国加大对我国的遏制和打压力度。部分西方国家从意识形态角度戴着有色眼镜看待我国在"一带一路"相关国家的投资，大肆宣扬共建"一带一路"倡议是中国版的"马歇尔计划"，服务于中国在国际市场的扩张，通过"一带一路"将中国的商品、资金、产能、标准、规则等推销出去。少数国家恶意宣传中国将与"一带一路"相关国家开展大规模能源资源贸易，

这些国家将沦为中国的"能源附庸""资源附庸",从而陷入"资源诅咒"陷阱。美国和印度等国有意曲解、故意抹黑和污名化共建"一带一路"倡议。由于担心挑战美国主导的国际秩序的合法性,进而打破各个区域的势力均衡,部分媒体对中国贷款进行妖魔化,声称其违反规则、不够透明等,以阻挠中国与"一带一路"沿线国家共同发展。

(三)经济走廊建设面临落地载体亟待壮大的问题

中国—中南半岛经济走廊建设需要好的载体来落地开花。走廊建设初期,经济走廊全面推进、多点开发,出现了重点项目不突出、重点国家不突出、重点园区不突出、重点走廊不突出等问题,致使个别项目象征性意义大于实际收益,一些项目投资难以收回。但这些问题在后续得到了纠偏,中央提出了很多重要的原则,包括政府推动、企业主导、商业原则、第三方机构评估等,推动"一带一路"从"大写意"转向"工笔画"。未来,需要聚焦重点,推动经济走廊建设载体发展壮大。

(四)经济走廊建设面临多种不稳定因素影响

中老经济走廊进展较快,但沿铁路经济带真正形成还需更多投资和谋划;中泰铁路虽然已启动部分路段建设,但泰老两国如何衔接,以早日建成泛亚铁路中线,实现陆路联通泰国湾、直达新加坡的陆海大通道尚需做大量工作。同时,各国国情差异较大、处于不同发展阶段、制度迥异,各种历史矛盾、民族矛盾、宗教矛盾、政治矛盾、经济矛盾交织。长期以来,我国对外研究主要集中在欧美日等发达国家以及少数地区大国,对沿线一些小国研究不多、不深,针对这些国家开展的系统性研究和实地调查研究明显不足。

(五)中老经济走廊面临诸多挑战

一是老挝国有经济和民营经济势单力薄。二是老挝营商环境较差。投资和贸易是拉动经济走廊建设的"两驾马车",营商环境直接对投资形成影响。根据世界银行发布的全球营商环境排行榜,老挝 2016 年排第 139 位，2017 年降至第 141 位，2018 年在 190 个国家中排第 154 位，比 2017 年下降 13 位，2019 年的排名与 2018 年持平（第 154 位），这反映出老挝复杂而不透明的商业环境。三是老挝存在认识偏差，在一定程度上影响了中老经济走廊建设。

三、新形势下推进中国—中南半岛经济走廊建设的重点方向与合作领域

促进产业加速集聚、要素高效流通、人员便利往来和民心相通，把中老经济走廊、中国老挝磨憨—磨丁经济合作区打造成为中国—中南半岛经济走廊建设乃至"一带一路"建设的重要突破口，使其成为样板工程，放大示范效应，回应美欧质疑，防止周边国家反水，减少阻力和摩擦力，促进中国—中南半岛经济走廊建设向纵深推进。

（一）推动中老经济走廊成为"一带一路"样板工程

中老经济走廊建设正处于重要的窗口机遇期，应在"一带一路"、中老合作框架下加速推动走廊建设。通过交通、电力等基础设施互联互通，加强中老投资与贸易合作，带动现代农业、旅游、能源、物流、加工制造等产业集聚发展和提升发展，深化中老两国文化交融、民心相通，使中老经济走廊成为"一带一路"的标杆项目，使中老合作成为中国与周边国家合作的典范，使老挝成为全球减贫脱贫重要示范国。全面加强基础设施建设合作，共同推动铁路、公路、水运、航道整治、港口、航空、信息通信、电力、电网、油气、市政基础设施等领域合作，通过基础设施高层次的互联互通，双方将努力建设能力充分、便捷通畅、安全高效的基础设施体系。加强中老双方在电力、电网等领域的合作，重点推进火电、水电、煤气化和可再生能源发电重大项目建设，并配套建设输电网络，增强电网传输能力和供电可靠性，打造"中南半岛蓄电池"。营造吸引国内外投资的营商环境，形成产业集聚效应，与

周边国家携手打造利益共享的供应链、产业链和价值链。依托澜沧江·湄公河国际大通道和昆曼国际公路,加快以旅游、商贸、物流为主要功能的勐腊县城、磨憨经济开发区和勐仑、关累、易武中心城镇的建设,扩大城市规模,推进城镇化进程,努力把勐腊县城建设成为国际大通道上的进出口商品中转基地、对外贸易加工基地。云南是面向东南亚的现代化国际旅游城市和国际商贸的集散中心城市,使其成为我国参与澜沧江·湄公河次区域经济合作的大本营和连接中国西南与东南亚两个旅游圈的中转基地。力争到 2025 年,走廊基本建成,产业体系趋于完备,主要经济功能系统发挥,沿线人民生活水平显著改善,区域经济发展不平衡局面有所改观,老挝经济发展愿景目标基本实现。力争到 2030 年,走廊全面建成,经济长期可持续增长的内生机制全面形成,对东南亚等区域的经济辐射带动作用系统发挥,将老挝及周边发展成为具有全球影响力的国际经济区。

(二) 加快推进中新陆海新通道建设

陆海新通道是多式联运国际物流大通道,与传统的海运、空运等物流运输相比,稳定性最高,新冠疫情暴发以来,在维护全球供应链、产业链稳定方面,发挥着越来越重要的作用,因而成为各国运输物资的优先选择,未来发展空间巨大。要推动在新加坡、越南、老挝、柬埔寨、泰国等地区建设境外分拨集散中心、海外仓和集装箱还箱点,支持重庆、广西等地区构建国际物流供应链节点网络,提升物流服务范围和水平。支持中国国内企业布局沿中老、中泰、中缅铁路的境外物流基地。

(三) 推动中老磨憨—磨丁经济合作区成为走廊高地

研究建立与老挝磨丁经济特区相匹配的管理机构,争取将磨憨跨境经济合作区现行的副厅级管理机构升格为副部级管理机构,以便更好地协调云南各方力量推动合作区建设,同时加强中老双方的协调、沟通,共同研究制定中国老挝磨憨—磨丁经济合作区工作计划,组织关于合作区建设运营和管理的交流与培训，加强合作区双方工作组能力建设。用足、用活、用好国家和云南支持合作区建设的若干政策，促进云南省人民政府支持勐腊（磨憨）重点开发开放试验区 32 条政策和磨憨跨境经济合作区 22 条政策全面落实。

促进合作区人员便利往来。授权合作区管委会审核并制作合作区专用通行证，中老双方人员持证可自由进入合作区（区内常住居民自由出入），离开合作区进入中老关境内，按现行规定办理。在合作区中方区域内试行老挝护照免签证可停留一周政策。现阶段可考虑制定给予在磨丁工作、投资的人员，由磨丁区内企业担保、磨丁经济特区管委会审核后，可以在西双版纳州出入境管理部门办理《中华人民共和国出入境通行证》，并在 3 个工作日内办理完成的政策。同时简化《边境旅游通行证》办理流程，使游客可以便捷高效地办理边境旅游通行证。

促进合作区货物和设备便利流通。考虑到老挝经济不发达，建设、生产所需物资无法自给，合作区域内老方使用的沙、石、景观树等建设材料经合作区管委会出具证明后不受出口配额限制，对合作区内使用（工程完工后返回）的施工机械设备给予返回的通关便利。

促进资金便利进出。赋予合作区内中方区域内的银行离岸银行功能，可自由吸纳人民币、基普及其他外币存款，发放人民币、基普及其他外币贷款。合作区内的企业及个人可以在中方区域区内银行开立人民币、基普及其他外币账户，该账户在合作区内银行之间可以进行自由划转，该账户可自由兑换中老两国货币，不受额度及用途限制，该账户资金监管实行宽进严出，中国、老挝及其他国家的资金可以自由流入区内账户。

推动通关便利化。进一步加强中老国际道路运输合作，推动落实中老两国政府已签署的实施《大湄公河次区域便利货物及人员跨境运输协定》谅解备忘录，并推动中老泰三国签订《大湄公河次区域便利货物及人员跨境运输协定》谅解备忘录。共同支持在中老缅泰 4 国航联委

（JCCN）基础上建立一个统一的国际航运管理机构。推进中国磨憨—老挝磨丁"一站式"检查，协调解决老方对过境老挝的国际运输车辆强行进行开封验货检查和收费等问题。

充分发挥磨丁经济特区主导企业海诚集团的作用，将磨憨、磨丁两区合一区，一并推进，制定统一的政策、统一的标准，使合作区成为中老经济走廊乃至"一带一路"的重要突破口，发挥示范作用。

打造睦邻、安邻、富邻的示范区。坚决打赢脱贫攻坚战，确保完成贫困人口退出、贫困村出列、贫困县"摘帽"任务。拓展"中老边境绿色生态长廊"项目合作的深度和广度，增强中老边境绿色生态安全屏障功能。深化与周边国家地区经济文化社会领域合作，形成睦邻、安邻、富邻的良好环境。进一步鼓励有实力、有经验、有技术的企业到中国老挝磨憨—磨丁经济合作区进行投资。

（四）通过拓宽合作领域扩大与沿线国家利益汇合点

搞活边境贸易。着眼长远的开放和发展战略，实行更加优惠的边境贸易政策和灵活措施，吸引国内外企业、先进技术、资金、人才，利用国内外资源和市场搞活边境贸易。进一步扩大服务贸易领域的对外开放，充分利用边境贸易、过境贸易、交通运输、旅游、信息、矿产资源和金融等经济优势，扩大合作领域，实现互利共赢。

深化金融合作。推动人民币跨境使用，积极开展跨境贸易人民币结算，探索建立人民币与周边国家货币的汇率定价机制，支持微信、支付宝扩展境外使用范围，允许个人开设银行结算账户。加强中国人民银行昆明中心支行与老挝国家银行在货币跨境管理、打击假币、反洗钱、人民币—基普交易结算以及为商业银行间的合作提供便利条件等方面的合作。

加快发展外向型旅游。利用地缘区位优势，加强与周边国家的合作，积极开辟以澜沧江·湄公河为纽带的跨国旅游线路。对现有的旅游资源进行深度开发，提升景区的档次、文化品位和规模，力争把勐腊

（磨憨）建成世界上种类最多的植物园区、中国最完美的原始热带雨林保护区，使其成为中国—东盟自由贸易区旅游圈内最具民族特色的热带旅游胜地。积极组建有一定规模和实力的旅游产业集团到老挝、缅甸、泰国设立窗口。

继续推进在农林、能源矿产和边境管理等传统领域的合作。鼓励有实力的企业到老挝北部各省投资种植业和养殖业，成立大中型农场和有竞争优势的农业园区，投资建设生态循环农业园，开展扶贫和农村发展项目。加强在风能、太阳能等新能源领域方面的合作，加快推进中老、中老泰、中老越电力联网。强化边境警务合作，不断提升边境管理与合作水平，共同维护好边境安全稳定。继续推动建立边境跨境动物疫病联防联控机制，联合监控动物疫病疫情。推动建立边境口岸管理相关部门对口工作机制，及时解决口岸管理中存在的问题。

加强人文交流与合作。研究出台沿边地区中小学接受外国学生的管理办法，支持云南、广西中小学接收老挝籍、越南籍的跨境中小学生就读，培养对我国友好的下一代。支持云南教育机构在老挝、越南开展办学项目，继续提供奖学金支持老挝、越南优秀学生来云南、广西留学，继续加强对老挝、越南等国家的医疗、地质矿产人才的培训。通过开展教育、科技、卫生和文化等领域合作，务实推动高校、科研院所、民间团体及群众间的交流交往。

（五）加快推动经济走廊软联通建设

中国—中南半岛经济走廊建设不仅要重视大项目建设的"硬联通"，还要重视民心相通的"软联通"，援外项目不但要干得好，更要说得好，使援外资金成为中国—中南半岛经济走廊建设的酵母和杠杆。对外援助应该是花小钱、办大事。长期以来，我国对外援助各部门不统筹、不协调，资金使用散、乱、分割，重花钱、轻效果，授人以鱼，而没有授人以渔，难以发挥应有的作用。必须加强统筹力度，改革援外制度和方式。一是援外资金向汉语培训倾斜。现在包括老挝在内的很多国家都涌现出从高层至民间的学汉语热,要多建设汉语培训学校,多给外国学生来华留学名额,从援外资金中列支来华留学生奖学金和生活补贴。二是援外资金要多向东道国民生项目倾斜。民心相通是中国—中南半岛经济走廊建设的先导性力量和决定性要素,可多建设与东道国民生相关的医院、学校,少建设耗资巨大、民众用不上的形象工程,让老百姓有实实在在的获得感。三是援外资金要向重大项目的前期普查、调研、规划倾斜。老挝有一定矿藏资源,但由于尚未开展过精准普查,我国政策性和商业银行难以对其开展资源抵押贷款业务。如果能利用援外资金掌握老挝矿藏分布、储量、质量等真实情况,开展"资源换贷款",将有助于降低我国银行和企业投资风险。日本国际协力机构(JICA)、亚洲开发银行通过帮助发展中国家制定规划,带动日本企业、资金、技术、设备、标准一条龙"走出去"的经验值得参考。四是援外资金要向外宣倾斜。要注意统筹协调好建设单位和宣传单位,援建项目不但要立碑明示,还要多利用媒体舆论公开宣传。

四、推进中国—中南半岛经济走廊建设的路径与政策建议

展望未来,要将中国—中南半岛经济走廊建设成为和平之廊、繁荣之廊、绿色之廊、创新之廊、文明之廊。

(一)加强顶层设计,因地制宜推进经济走廊建设

一是加强中国—中南半岛经济走廊的顶层设计,促进经济走廊的战略规划与各国的发展战略深度融合,加强中国与中南半岛国家在经贸往来、资金融通、产能合作、基础设施建设、跨境经济合作区等领域的深度合作。二是充分发挥中南半岛区域内现有合作平台和机制的作用。如东盟所主导的湄澜合作机制、东盟地区论坛(ARF)、大湄公河次区域(GMS)、亚太安全合作理事会(CSCAP)、"10 + 3"(APT)、东亚峰会(EAS)等合作平台和机制。推动各个合作平台和机制的有效衔接与互

动配合，并探索新的发展路径和方式。三是根据中南半岛国家的国情与需求，如针对基础设施建设方面资金不足、融资困难的问题，充分发挥亚投行、新开发银行、丝路基金等金融平台的作用，拓宽融资渠道、创新融资模式，确保中南半岛国家基础设施建设稳步推进。

（二）加快构建中国—中南半岛经济走廊三大支柱走廊

加快推进中老经济走廊建设，推动中老铁路、万象—磨丁高速公路、磨丁—会晒高速公路顺利实施。积极谋划中老泰经济走廊，全力抓好以路网为重点的基础设施建设，结合各国发展实际情况，采取"国家投、企业融、银行贷"的方式，引导各类资金多元投入，为铁路、公路等基础设施建设提供资金保障。打造边贸"黄金走廊"，随着中国与东盟间经贸的发展，勐腊（磨憨）将成为中国西部与东盟各国经贸往来的集散基地，成为中国西南与东盟两个经济圈的对接口。大力支持勐腊（磨憨）发挥背靠大西南、面向东南亚的优势，以进出口贸易为基础，全面实施对外贸易、对外经济技术合作、国际旅游，利用外资、运输、金融、通信等相关产业和行业的相互结合、共同推进的大经贸战略，形成与市场经济和国际惯例相适应的全方位、多层次、宽领域的对外开放格局，逐步把勐腊（磨憨）建成面向东南亚开放中的"黄金走廊"。

（三）形成政府、企业、社会共商共建经济走廊新格局

有必要进一步盘活放大存量资源，夯实中国—中南半岛经济走廊投资建设的合作基础。不仅要在政府层面开展合作磋商及建立相关对接机制，也要利用好企业在沿线国家投资经营的存量资源，尤其是企业在地方投资与地方政府、地方友好人士建立的联系渠道要保持畅通，并且要不断吸纳更多友好人士加入中国—中南半岛经济走廊建设。利用好企业商会、行业协会等企业平台构建与当地良好的合作关系，补齐短板，加紧发展一批在中国—中南半岛经济走廊沿线国家有影响力、有办法、有思路的社会公益组织，关注当地民众关切的环境、扶贫、教育、防灾减

灾等议题，夯实合作基础，从而形成政府、企业、社会共商共建的走廊建设新格局。

（四）构建中国—中南半岛经济走廊争端解决机制

为保证中国—中南半岛经济走廊建设顺利推进，应推动沿线各国共同构建争端解决机制，共建安全风险预警防控机制，共同制定应急处置工作机制。一旦发生纠纷，当事方能够坐下来就相互利益关切沟通交流，对话而不是对抗，为中国—中南半岛经济走廊建设营造良好的发展环境。

（五）赋予我国沿边主体省份和毗邻州县更大自主权

坚持以开放促开发的思路，加大内陆沿边地区开放力度，实施更加灵活的政策，对沿边省份和区县、跨境经济合作区进行中国—中南半岛经济走廊建设赋权，加快形成新的样板工程，推动沿边地区从开放末梢走向开放前沿，从开放的洼地变为开放的高地，形成陆海内外联动、东西双向互济的开放格局。赋予沿边主体省份、毗邻州县更大的对外交往自主权，给予从事对外交往的工作人员特殊的出国权利，促进边境地区的中外人员往来，推动文化沟通，夯实"民心沟通"的民意基础，防止周边国家反水，不让"一带一路"倡议"流产"。

（六）支持将边境、跨境经济合作区打造成合作样板平台

抓住国家机构改革的重要窗口期，梳理和推进现有的政策措施，取消不适用的"一刀切"政策，出台更有针对性的政策，建设好边境经济合作区、跨境经济合作区等开放平台，打造一批贸易投资区域枢纽城市，扶持特色产业开放发展，促进沿边地区加快发展，在边境地区形成若干开放型经济的新增长极。推动国家层面的协商，深化云南与接壤三国的全面合作，搭建经贸合作平台，力争在跨境经济合作区和境外经济合作区建设方面取得实质性进展。

专题五

中巴经济走廊建设研究

中巴经济走廊作为"一带一路"倡议的旗舰项目，北接丝绸之路经济带，南连21世纪海上丝绸之路，对"一带一路"建设起决定性支撑作用。近年来，在中巴两国的共同努力下，中巴经济走廊建设取得显著成效，形成了一大批基础设施重大项目和产能合作等可视性成果，在帮助巴基斯坦经济发展的同时，为"一带一路"建设推进提供了良好示范，凝聚了更多共识；一些矛盾和问题也为下一步高质量共建"一带一路"提供了经验教训。如今，走廊建设已进入充实、拓展高质量发展新阶段，合作领域不断拓展、合作内容不断丰富，面对突如其来的新冠疫情带来的各种挑战，走廊建设得以持续推进，但也暴露了一些新情况、新问题和新挑战，特别是随着国际形势和地区形势的不断演变，走廊建设新旧问题并存，需谨慎应对，深刻认识和准确把握中巴经济走廊建设的独特战略价值，在总结经验教训的基础上，更好地布局、规划和谋划，化解可能的风险和挑战，继续与巴基斯坦坚定高质量、高标准推进走廊建设，把中巴经济走廊打造成为共建"一带一路"高质量发展的示范工程。

一、中巴经济走廊建设取得重大进展，正步入充实、拓展的高质量发展新阶段

近年来，在两国政府的大力倡导和主导下，通过全方位、多领域的合作，中巴经济走廊建设取得重大进展，正步入充实、拓展的高质量发展新阶段。

（一）走廊建设已取得重大进展，对华友好和中巴经济走廊建设逐渐成为巴基斯坦举国共识

8 年来，按照习近平主席 2015 年访巴基斯坦确立的以中巴经济走廊建设为引领，以瓜达尔港、能源、交通基础设施、产业合作为重点的"1+4"合作布局和《中巴经济走廊远景规划（2017—2030 年)》，走廊建设已取得了一大批阶段性成果，巴基斯坦及周边地区的互联互通水平正在不断提升，巴基斯坦民众享受到了实实在在的好处。

中巴经济走廊第一阶段的 22 个优先项目基本完成。瓜达尔港建设加快推进，面对新冠疫情带来的诸多挑战，瓜达尔港"逆势"取得重大进展，首次系统性开展阿富汗中转货物，为当地创造了近千个就业机会；首次开展液化石油气（LPG）业务；首次实现了商业化运营。能源合作是中巴经济走廊第一阶段合作的重点，22 个项目中有 11 个能源项目，极大地缓解了多年来一直困扰着巴基斯坦企业生产和民众生活的停电问题。2015 年 7 月 31 日正式开工建设的萨希瓦尔燃煤电站，仅用 22 个月零 8 天的时间就投产发电，截至 2020 年 11 月，累计发电量已经突破 276 亿千瓦时。由中国电建与卡塔尔 Al-Mirqab 公司联合投资建设的卡西姆港燃煤电站，自 2018 年 4 月 25 日进入商业运营以来，发电量约占整个巴基斯坦国家电网供电量的 10%。截至 2020 年 11 月 28 日，全年完成发电量 80.1 亿千瓦时。交通基础设施方面，22 个项目中的 4 个重大交通基础设施项目已全部竣工。2019 年 11 月，巴基斯坦 PKM 高速公路项目（苏库尔—木尔坦段）落成；2020 年，喀喇昆仑公路二期（赫韦利扬—塔科特）项目全线通车，拉合尔轨道交通橙线项目开通运营，中国红其拉甫至巴基斯坦伊斯兰堡的新光缆线路已投入运营。

走廊建设显著促进了巴基斯坦经济社会发展，取得了广泛共识。中国已经连续 6 年成为巴基斯坦最大贸易伙伴和最大外商直接投资来源国。巴基斯坦中巴经济走廊事务局主席阿西姆·巴杰瓦表示，中巴经济走廊项目填补了巴基斯坦在能源、通信等方面的空白，将通过工业化和扩大农业领域合作进一步推动巴基斯坦工农业发展，提振巴基斯坦经济，让中巴经济走廊惠及更多民众。德勤公司 2017 年研究显示，2015 — 2030 年，中巴经济走廊将为巴基斯坦人民创造 70 万个工作岗位。"一带一路"国际合作高峰论坛咨询委员会 2019 年提交第二届"一带一路"国际高峰论坛的一份研究报告显示，中巴经济走廊建设已为巴基斯坦人民创造了超过 7.5 万个直接就业机会，同时通过带动原材料加工和餐饮等相关上下游产业，为当地人民提供了更多的就业机会。巴基斯坦计划发展与改革部中巴经济走廊能力建设中心的研究显示，中巴经济走廊将总共创造 120 万个工作岗位。在 2020 年 3 月举办的 CPEC 能源项目的审查会上，巴基斯坦总理伊姆兰·汗表示，中巴经济走廊之下开展的项目对该国的发展至关重要，并将为就业、交流和经济繁荣提供巨大的机会。巴基斯坦国立科技大学中国研究中心主任赛义德·哈桑·贾韦德撰文表示，建设中巴经济走廊是巴基斯坦社会的普遍共识，巴基斯坦经济要想实现腾飞，离不开中巴经济走廊建设。

（二）合作领域和内容不断丰富

伴随"一带一路"建设向高质量发展，走廊进入充实、拓展的新阶段，双方合作重点将转向产业合作和农业、扶贫、教育、卫生、人力资源等社会民生领域，向巴基斯坦西部欠发达地区倾斜。2020 年 3 月，《中华人民共和国和巴基斯坦伊斯兰共和国关于深化中巴全天候战略合作伙伴关系的联合声明》对外发布，中巴经济走廊联委会框架下的联合工作组增设农业和科技两个组至 10 个，走廊建设合作机制不断健全、完善。2020 年 8 月 21 日，国务委员兼外长王毅在第二次中巴战略对话后表示："中巴经济走廊建设进入高质量发展新阶段，将继续为巴基斯坦的振兴发挥重要作用。双方将及时完成在建项目，创造更多就业，大力改善民生，加强产业园区、人力资源培训、扶贫减贫、医疗卫生和农业等领域合作,持续释放走廊的巨大潜力,实现共同发展进步。"面对百年变局和世纪疫情带来的诸多挑战,一批中巴经济走廊项目建设取得重大进展,目前中巴经济走廊下有 11 个经济特区正在建设中,这些经济特区将推动工业化发展。农业合作是第二阶段经贸合作的重点,2020 年上半年,中巴经济走廊在巴基斯坦推广北京杂交小麦项目再获丰收。2019 年 12 月,中国援助巴基斯坦瓜达尔医院和职业技术学校项目开工。截至 2021 年 1 月,中国建筑 PKM 项目为沿线村落修建学校 11 所、"一带一路"图书室 2 个,捐赠医疗器械 33 套、运动器械 100 余套。正如 2020 年 12 月 31 日国务委员兼外长王毅应约同巴基斯坦外长库雷希通电话时所表示的:"面对百年变局和世纪疫情,中巴全天候战略合作伙伴关系今年经历了考验,保持了强劲发展势头。"可以说,中巴经济走廊建设在绘制"工笔画"的高质量发展新阶段开局良好。

中巴经济走廊重点建设项目如表 5-1 所示。

表 5-1　中巴经济走廊重点建设项目

能源项目(油气管路)	钦比尔风能项目
	达乌德风能项目
	苏基—克纳里 870 兆瓦水利电气项目
	私人水利项目
	瓜达尔—白沙瓦液化天然气港口与管道项目
	旁遮普 9×100 兆瓦太阳能项目
	塔尔二期 3.8 百万吨/年采矿项目
	塔尔二期 2×330 兆瓦煤电项目
	卡西姆港 2×660 兆瓦火电项目
	伊朗—巴基斯坦天然气管道
	Hubco 火力发电厂项目
	720 兆瓦卡洛特水电项目

	赫韦利扬—红其拉甫铁路
	红其拉甫铁路
	瓜达尔 – Ratodero
铁路、公路项目	橙线（拉合尔地铁）
	哈扎拉高速公路
	卡拉奇—白沙瓦铁路干线升级改造
	卡拉奇—拉合尔公路
光纤通信项目	跨境光纤通信项目、穆里多媒体广播示范项目
	赫韦利扬干货口岸
口岸、港口、机场建设	瓜达尔港
	瓜达尔国际机场升级改造

资料来源：根据公开资料整理。

二、中巴经济走廊高质量发展面临的风险与挑战

中巴经济走廊建设在取得突出进展的同时，也遇到了一些问题，特别是当前国际、国内形势发生深刻变化，高质量建设中巴经济走廊出现了一些新情况、新问题和新挑战，面临的困难、压力、风险和挑战更为严峻。

（一）国际政治经济格局深刻演变，中巴经济走廊建设面临的外部环境发生深刻变化，压力显著增加

当今世界正经历百年未有之大变局，以美国为代表的西方国家对中国提出的"一带一路"合作倡议表现出疑虑甚至抵制态度。特别是百年未有之大变局与新冠疫情全球大流行相互交织，中美大国博弈日益激烈，美国将中国视为战略竞争对手，作为"一带一路"旗舰项目的中巴经济走廊，在大国竞争中处于前沿和焦点位置。加之中巴经济走廊周边地缘政治复杂，长期面临多国力量的博弈与掣肘。

1. 在中美博弈加剧大背景下，中巴经济走廊遭遇美国政治、经济和舆论炒作等多重冲击

国际政治经济实力格局加速演变是百年未有之大变局的本质特征，新冠疫情全球大流行加速影响世界政治经济格局，随着以美国为主的发达经济体与以中国为代表的发展中和新兴经济体之间的力量对比继续发生深刻而剧烈的变动，以中国为代表的新兴经济体和发展中国家在国际舞台上的作用逐步凸显，美国战略界对"一带一路"倡议的疑虑、误解和负面认知等持续加深，将"一带一路"看成两国战略竞争的关键领域。特别是在中美博弈日益激烈，美国将中国视为战略竞争对手并试图构建对华战略围堵的大背景下，作为"一带一路"建设旗舰项目的中巴经济走廊首当其冲，遭遇了美国政治、战略、经济及舆论炒作等多重冲击。

政治和战略上，"印太战略"已经并将继续成为美国对抗"一带一路"倡议的主要抓手。美国推出并不断强化"印太战略"，推行以"抑巴扬印"为主基调的南亚新政策，企图制衡中国。中巴经济走廊首当其冲，处于大国博弈的前沿焦点。近年来，强化与印度的关系成为美国"印太战略"的重要抓手，美印双方经贸关系逐年增强，政治基础日益牢固，安全合作稳步发展。受百年变局与新冠疫情叠加冲击影响，中美关系恶化，中印关系动荡波折，美印关系上升，对中国进行战略对冲成为美印两国的共同利益。后疫情时期，美国对我国遏制打压已成为美国各界共识，拜登政府不会根本上改变中美竞争博弈的常态化和长期化趋势，更多地可能会继续通过强化"印太战略"遏制中国，出台多种措施阻挠甚至干预"一带一路"建设推进。为了联合日本、印度、澳大利亚盟友在亚太地区对付中国，2021 年 3 月，美国牵头举办美日澳印"四方安全对话"，中巴经济走廊建设面临严峻的外部挑战。

经济上，美国整合各种资源加大对印太地区的投资力度，将继续拉拢亚太盟友国家抗衡"一带一路"倡议。近年来，为遏制"一带一路"

倡议，美国试图整合各种资源，出台法案，支持并加大了对亚太地区的投资力度。为抑制所谓"中国日益增长的地缘政治和经济影响力"，2018年10月5日，特朗普签署了《更好利用投资促进发展法案》，在整合海外私人投资公司（OPIC），美国国际开发署（USAID）的开发信贷局、企业基金、私人资本与微型企业办公室等部分职能的基础上，成立了国际发展金融公司（IDFC），有望使美国的年发展融资能力从290亿美元提升至600亿美元。2019年11月东盟峰会期间，在美国推动召开的"印太商业论坛"上，美国海外私人投资公司宣布启动"蓝点网络"计划，搅局、抗衡中国的"一带一路"倡议意图十分明显。在新冠疫情的冲击下，美国牵头，联合日本、澳大利亚、新西兰、印度、韩国和越南等所谓"值得信赖的伙伴"，提出了"经济繁荣网络计划"，"去中国化"势头更加明显。

舆论上，抹黑污名化中巴经济合作。"一带一路"倡议提出以来，美国、印度、澳大利亚等国部分智库和媒体对"一带一路"倡议的态度有漠视和无视，有故意误解和误读，也有部分美国政府主导之下的集体抹黑攻击。近年来，西方流行的所谓"新马歇尔计划""经济侵略""新帝国主义""地缘政治控制""债务陷阱""地缘扩张论""环境破坏"等不实言论背后都可以看到美国的身影，在中巴经济走廊上，美国积极发表并宣传"债务陷阱""不透明""掠夺性贷款"等不实言论。例如，美国负责南亚与中亚事务的首席副助理国务卿爱丽丝·威尔斯多次发表不实言论，称巴基斯坦将因中巴经济走廊项目"面临长期经济伤害，从中获得的回报微不足道"，中巴经济走廊也并非援助。她还称"建设走廊只对中国有利，而美国能够提供更好的模式"。中巴经济走廊建设面临的外部舆论环境压力不容忽视。

2. 调整变动中的中印巴关系给中巴经济走廊建设增添了变数

从历史上看，中印巴关系一直处于调整变动之中。受中美大国博弈日益激烈，印度现实主义权力思维和全球大国抱负，以及新冠疫情冲击等影响，中印巴三角关系、中印关系与中巴经济走廊提出建设之初已有很大不同。在中印巴三角关系中，中巴政治关系基础厚实，建立了"全天候战略合作伙伴关系"，关系相对稳定。相比之下，印巴关系信任基础薄弱，二者长期敌对，关系复杂、紧张；中印关系因边界问题偶有冲突，在一些领域和问题上战略分歧较大。中巴经济走廊建设是"一带一路"倡议不可或缺的一环，走廊地缘政治关系上的高度敏感性使中巴经济走廊的建设推进中的脆弱性增加。

印度高度警惕、反对甚至阻挠、破坏中巴走廊建设。由于一直以来巴基斯坦和印度关系复杂，印度对中巴经济走廊建设十分警惕，担心中巴经济走廊建设将提高巴基斯坦的经济实力和综合国力，从而极大地提升其与印度对抗的实力与底气。同时，印度担心中巴经济走廊建设会提升中国在南亚地区的影响力，从而给印度一直以来寻求的南亚霸主地位带来不利冲击和影响。

另外，在中美大国博弈日益激烈的大背景下，中印关系时有波折。2020年，受到新冠疫情和中美大国博弈的双重刺激，从4月开始，印度边防部队无视我国的抗议，单方面持续在加勒万河谷地区改变现状，加紧修建交通基础设施，一度发生冲突。特别地，冲突以来，印度从上到下掀起了罕见的抵制中国制造的浪潮，大量中国应用程序被列入印度"清单"，从最底层到高层，似乎反对中国的一切成了"政治正确"。随着美印关系的加强，中印关系中美国因素影响上升，美国、印度联合遏华，美国暗中助力或支持印度抗衡中国可能成为新常态，在这样的新形势下，中巴经济走廊建设必然会受到影响。

可以预见，随着印度对中巴经济走廊的担忧和干扰加深，美印合作加强，更加积极支持和推进美国主导下的"印太战略"，中巴经济走廊建设面临诸多挑战。

（二）巴基斯坦国内安全形势十分复杂，经济走廊建设面临的安全风险不降反增

巴基斯坦西北部与全球恐怖主义威胁之最的阿富汗接壤，国内本身也存在塔利班、俾路支解放阵线和虔诚军等地方武装恐怖组织，这些地方武装与逃窜至巴基斯坦国内的"伊斯兰国"等恐怖组织相互交织影响，致使巴基斯坦国内复杂严峻的安全形势难以根本扭转。澳大利亚智库经济与和平研究所（IEP）发布的《2020年全球恐怖主义指数报告》显示，巴基斯坦仍属于全球恐怖主义风险极高的国家，是受恐怖主义影响最大的十个国家之一，位居全球第七。

近年来，巴基斯坦整体安全形势逐年好转，恐怖活动数量呈下降趋势，但中巴经济走廊建设项目主要分布的旁遮普省、信德省、开普省、俾路支省等恐怖活动频繁，尤其是俾路支省安全形势持续恶化，中巴经济走廊许多施工地区成为恐怖袭击发生频率较高的区域，恐怖活动数量不降反增，甚为猖獗，连续多年居巴基斯坦国内恐怖活动之首。虽然巴基斯坦对我国访问人员基本实施24小时的持枪全天候保护，并成立了一支中巴经济走廊安保部队，但是中巴经济走廊重点建设的瓜达尔港位于分离主义严重的俾路支省，暗中受到美国、印度等域外势力的支持，成为钳制中巴经济走廊建设的工具，安全风险仍是中巴经济走廊建设不可回避的重大挑战。

（三）受各种因素制约，走廊高质量发展面临的经济风险不容小觑

第一，巴基斯坦经济基础薄弱，经济发展环境不容乐观。巴基斯坦经济发展水平偏低，产业基础发展滞后，不能为中巴经济走廊建设项目提供有效支持。另外，巴基斯坦国内经济环境和营商环境不容乐观。巴基斯坦内部政治斗争严重，走廊建设中利益争夺十分激烈，央地矛盾、地区矛盾掣肘走廊建设项目推进。同时，巴基斯坦官僚主义十分严重，办事效率低下，营商环境欠佳。政治体制、利益集团博弈和管理体制弊

端致使很多项目的优惠政策难以落实。政治体制上,巴基斯坦是联邦和省相对独立,联邦政府提出的优惠政策可能因地方政府不同意而搁置,特别是园区优惠政策包括税收、财政、海关、能源需要多部门协调配合,通过议会审批,纳入法律层面才可能落地,而这是一个非常漫长的过程,会直接影响产业合作项目的推进。

第二,巴基斯坦政府负债高、资金偿还能力弱,须警惕可能出现的投资风险。巴基斯坦财政赤字严重,外债负担沉重,难以持续为中巴经济走廊项目建设提供资金支持。IMF 发布的数据显示,在正义运动党执政的未来 4 年里,巴基斯坦的债务将上升至 1 300 亿美元,较穆盟谢执政时期同比增长 36.3%。IMF 预测,未来 4 年,正义运动党政府将借债 830 亿美元,用于偿还旧债、支撑账户赤字和国家外汇储备。预计 2020—2021 财年,巴基斯坦的外债规模将达到 1 190 亿美元,占 GDP 比重为 43.5%。2021—2022 财年,巴基斯坦外债将达 1 246 亿美元。面对如此沉重的债务负担,以及持续恶化的财政赤字状况,中巴经济走廊建设项目巨大的资金缺口需求背后隐藏着投资回报不确定性和较大的风险。

尤其值得注意的是,中巴经济走廊建设投资项目难以得到有效的收益回报。能源是走廊建设进展最快、成效最明显的领域,但目前的情况是电站建好后可以发电了,但电网基础设施建设跟不上,电送不出去,而我国投资企业正面临电费收取困难的问题。

第三,巴基斯坦对我国期待过高,对走廊建设存在急于求成和依赖我方的心态。巴基斯坦各界特别是精英阶层擅长强调中巴全天候战略关系,经常用"比山高""比蜜甜"等文学语言来表述双方的政治经济关系,将中巴经济走廊视为解决巴基斯坦经济发展问题的"万能药"。例如,当前中巴经济走廊产业园区合作进展相对较慢的客观实际,与巴基斯坦自身经济发展基础和营商环境有很大的关系,但巴方却错误地认为园区建设跟前期的基础设施和能源项目一样,我国政府应投入大量资金支持，认为当前园区进展缓慢是我国投入不够，不懂得园区发展需要发挥主观能动性，关键是要有产业项目落地和吸引投资。这种急于求成，"等""靠""要"的思想，是由于对本国基本国情、客观条件和经济规律认识不够，会对走廊建设特别是后续园区合作的推进造成困难。

（四）新冠疫情对走廊建设的短期影响可控，长期影响值得关注

当前，百年未有之大变局与新冠疫情全球大流行相互交织，除中国之外的全球经济陷入全面衰退，不确定因素增多，给我国经济发展和对外交往带来一系列挑战，对高质量推动"一带一路"建设必将造成不利影响。总体来看，目前中巴经济走廊建设推进顺利，影响可控，但后疫情时期的长期影响值得关注和重视。

当前，新冠病毒已蔓延全球，"一带一路"沿线国家几乎都面临着疫情冲击，普遍面临劳动力供应不足和境外供应链断裂的风险。巴基斯坦疫情也使经济遭受了重创，世界银行预计，因受疫情影响，巴基斯坦2020财年经济将萎缩 1.3% ~ 2.2% 。特别是疫情和国内经济以及国外经济封锁的多重叠加共振，导致巴基斯坦公共债务占比再次攀升，到2020年公共债务占 GDP 比重的90%，巴基斯坦的财政压力空前沉重。因此，中巴经济走廊的建设难免受到一系列疫情和疫情相关事项的冲击，包括劳动力短缺、相关设备物资供应延迟以及不可抗力导致的延期及由此引发的法律问题等。不过，正如驻卡拉奇总领事李碧建发表《新冠肺炎疫情对中巴经济走廊的影响》所指出的，中巴双方特别是相关项目企业抗疫举措成效显著，项目保持零感染纪录，中巴员工安然无恙，各项目进展顺利，伴随疫情在中国得到有效控制以及中国全面复工复产，新冠疫情对 CPEC 的影响是可控的。巴新财年的预算也为走廊建设铁路干线重点项目配套资金。

后疫情时期，中巴经济走廊会持续推进。中国政府已决定向巴基斯坦提供疫苗援助，并积极协调中国企业加快向巴基斯坦出口疫苗，双方在交通基础设施方面的合作还会继续深入，并将在教育、保健、水利、

灌溉技术和职业教育以及扶贫六个领域开展深入合作,推动走廊建设高质量发展。考虑到疫情发展的长期化和常态化,全球经济下行压力还将持续,经济全球化风险挑战增加,供应链断裂风险和重构的影响等还会持续给走廊建设带来诸多挑战,应予以关注和重视。

三、对策与实施建议

面对百年变局与世纪疫情,中巴经济走廊建设没有停顿、没有减速,保持了强劲的发展势头,但也应看到走廊建设推进过程中遇到的困难、压力和挑战,未来压力和挑战也不容低估,需谨慎应对。在总结经验教训的基础上,继续与巴基斯坦坚定高标准、高质量地推进走廊建设,将中巴经济走廊打造成"一带一路"高质量发展的示范工程。

(一)充分肯定中巴经济走廊高质量发展的重大战略价值

作为"一带一路"的旗舰项目和样板工程,中巴经济走廊建设取得的进展对中国与巴基斯坦均具有重要战略意义和价值。对于中国而言,能否把中巴经济走廊建设好,直接关系到共建"一带一路"高质量发展全局,近十年来形成的一大批基础设施重大项目建设和产能合作等高质量、可视性成果,在帮助巴基斯坦发展经济的同时,为"一带一路"建设的推进提供了很好的示范,凝聚了更多的共识;当然,一些矛盾和问题也为下一步推进提供了借鉴。应高度肯定并充分认识中巴经济走廊高质量发展对"一带一路"建设全局推进的重大意义,绝不能因为存在一些矛盾和问题,以及国际舆论的污名化而减缓或大幅收缩中巴经济走廊建设,而是应该更好地规划和谋划,明确下一步建设的重点,着力破解推进中的问题和矛盾,化解可能的风险,推动中巴经济走廊高质量、可持续发展。

（二）坚持开放共赢理念，运筹处理好地缘政治关系，为走廊建设营造良好的外部环境

面对百年未有之大变局，我们仍处于重要战略机遇期。新兴市场国家和发展中国家群体性崛起趋势不可逆转，国际政治经济格局正朝着于我有利的方向演变，百年来西方国家主导的国际政治经济格局正在发生改变。"一带一路"倡议提出近十年来，已有151个国家和32个国际组织与中国签署了200余份政府间合作协议，高质量共建"一带一路"达成了广泛共识。应继续坚持开放共赢理念，运筹处理好中美关系，在拜登政府时期中美"斗而不破"可能格局下，加强国际友城合作，继续调动美地方和工商界参与"一带一路"建设的积极性，尽量化解消极因素；妥善处理中印关系，经济上拉住印度，处理好中印巴大三角关系，以不站队、不拉帮、不结派的域外协调者、调解者身份处理印巴关系，强化三国在上合组织框架下的合作与争端解决。同时，推动中巴经济走廊建设项目从双边合作到多边参与，积极推动中巴经济走廊建设与周边土库曼斯坦、阿富汗、印度、伊朗等国开展能源领域的合作，扩大合作公约数，开创互利共赢格局，为中巴经济走廊建设营造良好的外部环境。

（三）坚持政府引领、市场运作原则，防范与应对经济风险，推动走廊建设可持续发展

中巴具有高度政治互信的独特优势，但巴基斯坦国内长期党派博弈，政局不稳，国内极少数地方党派和分离势力批评走廊的声音也从未间断过，因此，需要强化顶层设计，充分发挥中巴全天候战略合作伙伴关系的独特优势，发挥联委会在走廊规划、设计和具体项目落实等方面的引领作用，与之进行更多沟通和对表，尽量避免因对方期待过高，我方无法满足造成各种误解，从而影响走廊建设的持续推进。应正确处理好政府和市场的关系，走廊建设既要算"政治账"，也要算"经济账"。

应充分发挥企业在走廊建设市场化经营领域中的主体作用，按照市场经济规律、国际通行规则和商业原则建立健全项目管理机制和风险防范机制，加强重大项目立项前的市场研究和风险评估，项目推进中的全方位、全过程的动态跟踪、监测与预警，加强财务风险、安全风险、突发风险的预警管控机制，提升风险应对能力。应健全完善项目合法合规经营制度，规范企业投资行为，鼓励企业在进行项目建设时注重保护环境、履行减贫等社会责任，积极回应当地社会诉求，实现走廊项目建设中的各方共赢。

（四）创新和完善安保体系，为走廊建设保驾护航

巴基斯坦恐怖主义仍然是中资项目建设的重要安全隐患，应在敦促巴基斯坦继续落实现行安保措施的同时，创新和完善安保体系。应进一步深化中巴双方反恐协调合作，探索在两国政府共同规划的前提下，引入我国民间商业安保力量的新模式，发挥我方民间安保力量在建设项目和工业园区内部的安保预案设计、巡查保卫、人员安全培训等日常安保事务的积极作用，逐步建立中资项目安保公司、巴基斯坦军警内外两层安保新模式。应深化《中阿巴三方合作打击恐怖主义谅解备忘录》框架下的情报交流，加强打击恐怖分子融资招募和培训等后勤能力、反恐能力建设，网络反恐，去极端化，切断毒品贸易和恐怖融资间联系等领域的合作。应建立走廊建设项目的风险监测和预警机制，定期发布走廊地区的安全事件、安全预警和安全形势分析，根据不同的项目性质和需要，制定并细化安保方案，并积极利用领事保护条约和外交渠道保护中国企业和公民的合法权利。

（五）加强智库与外宣的科学引领，确保走廊建设行稳致远

舆情能力博弈是事关走廊建设成败的另一个主战场，应予以高度重视。应发挥我国智库优势，通过开展合作研究、共同举办研讨会等多样化的形式及时动态发布走廊建设进展及产生的经济效益和社会效益，正

面回应国际舆论的误解和不实指责；面对国际社会提出的走廊债务可持续发展的质疑，系统梳理走廊建设中有关债务问题，开展深入细致的评估，及时总结经验教训。应持续、深入、动态地开展实地调查研究，对巴基斯坦法律制度、政策、民族、宗教、文化特点以及地缘政治潜在风险等进行深入研究，深入分析走廊建设对巴基斯坦经济社会发展的长期影响，以及重大项目规划落实对资源环境以及市场供需及对外经贸关系平衡影响，适时形成具有战略前瞻性和引领性的研究及咨政建议，助推"一带一路"高质量发展。同时，应鼓励我国主流媒体通过设立分支机构或收购所在国有影响力的媒体等方式，在共同创办的网站、报刊、自媒体、电视节目上，正面宣传中巴经济走廊建设取得的成就；鼓励个人和社会组织不断创作更多体现中巴合作的宗教、历史风俗、文化特点的个性化人文交流产品，并充分利用微信、Tiktok 等自媒体网络平台，以更加灵活、社会化和潜移默化的方式进一步凝聚共识，更多、更好、更快地传播中巴经济走廊建设和"一带一路"人类命运共同体理念，确保走廊建设行稳致远。

专题六

孟中印缅经济走廊建设研究

孟中印缅经济走廊的概念构想由来已久。早在20世纪90年代，云南学术界就提出了构建四国区域经济合作的设想，得到印度、孟加拉国、缅甸有识之士的认可。1999年8月，在昆明首次召开了"中印缅孟地区经济合作与发展国际研讨会"，之后该论坛在四国轮流举行，影响越来越大。2013年5月，李克强总理访问印度期间正式向印度提出了共同构建孟中印缅经济走廊的想法，标志着这一民间设想正式上升到官方层面。2013年12月、2014年12月、2017年4月，首届、第二届和第三届孟中印缅联合工作组会议先后召开。目前，孟中印缅经济走廊建设总体处于务虚层面，建设进展总体落后于中巴经济走廊、中国—中南半岛经济走廊和新亚欧大陆桥经济走廊。中缅经济走廊作为孟中印缅经济走廊的优先启动项目，正在快速推进，总体已取得较快建设进展。

一、孟中印缅经济走廊的整体状况与建设进展

（一）孟中印缅经济走廊的整体状况

我国已明确提出推进"一带一路"六大经济走廊建设，孟中印缅经济走廊是我国面向南亚和东南亚方向开展合作的一条重要经济走廊。孟中印缅经济走廊起自我国云南，经缅甸、印度东北部、孟加拉国一直通到印度腹地，联通东亚、东南亚、南亚三大经济板块。孟中印缅经济走廊沿线地区人口众多，经济发展水平在全球总体处于落后位置，自然资源丰富、政治关系复杂，可以说是当今世界上推进经济合作难度最高

的次区域经济走廊之一。

从地理空间看,孟中印缅经济走廊主要有 4 条线路:一是北线方案,即昆明—腾冲—猴桥—甘拜地—密支那—雷多—瑙贡—西隆—锡尔赫特—达卡—杰索尔—加尔各答;二是中线方案,即昆明—瑞丽—曼德勒—实皆—甘高—达木—英帕尔—阿加尔塔拉—达卡—加尔各答;三是南线方案一,即昆明—瑞丽—曼德勒—皎漂—吉大港—达卡—加尔各答;四是南线方案二,即昆明—临沧—清水河—登尼—腊戌—曼德勒—吉大港—达卡—加尔各答,此外南线方案二还有延伸线,即通过实皆、内比都至仰光。在这 4 条线路中,昆明、大理、临沧、普洱、瑞丽、清水河、密支那、曼德勒、实皆、内比都、仰光、皎漂、英帕尔、雷多、达卡、吉大港、加尔各答等都是孟中印缅经济走廊的重要节点。

孟中印缅经济走廊对我国具有重大战略价值。该走廊是我国西南地区对外开放的重要通道,历史上的"茶马古道"、抗日战争时期的"滇缅公路""驼峰航线",都是走廊沿线地区。我国走向印度洋的战略出口路线有 3 条,即云南—缅甸—印度洋、西藏亚东—印度—孟加拉国—印度洋、新疆—巴基斯坦—印度洋,其中云南—缅甸—印度洋是进入印度洋的重要通道,这条通道具有重要的战略价值、能源价值和经贸价值。同中巴经济走廊、新亚欧大陆桥经济走廊等相比,目前孟中印缅经济走廊建设相对滞缓。孟中印缅经济走廊为高山丘陵地带,交通极为不便,目前虽有一些公路、铁路设施,但总体上基础设施条件差,商品和人员流动不畅,整个地区经济发展滞后。特别是这一地区地缘政治高度复杂敏感,美国、日本等域外大国深度介入,印度对中国战略疑虑较深,缅甸政治局势复杂。

(二) 孟中印缅经济走廊的建设进展

1. 初步形成了务虚的工作机制

从 1998 年由中印智库提出孟中印缅地区次区域合作的构想,到

1999 年建立孟中印缅合作论坛机制以来，该合作论坛一直得到相关国家政府的关注和支持，中国国家主席和总理多次出访缅甸、孟加拉国和印度，与相关国家领导人达成共识，赞成孟中印缅合作论坛主张，每次论坛会议，中国外交部都给予积极关注和指导。孟加拉国、印度、缅甸三国领导人也多次访问中国并顺访云南，对孟中印缅合作论坛给予重视。孟中印缅合作论坛先后召开了 13 次会议，就互联互通、贸易投资、旅游文化、社会发展、人力资源、生态环境保护和安全等涉及经济走廊建设各方面的问题进行了深入而广泛的专题研讨，在四国政府、智库、企业间形成了积极而深远的影响。2013 年，中印两国总理把构建孟中印缅经济走廊写进中印联合声明。同年 12 月，首次在昆明召开孟中印缅四国联合工作组会议，由四国政府部门官员、企业及金融机构代表研究了四国联合研究计划，确定了联合研究的规划和研究时间表，并签署了"纪要"和"联合研究框架"等文件，使孟中印缅经济走廊由"二轨"上升到"一轨"，开始进入四国政府机制化推动阶段。但近年来，由于印度对"一带一路"态度消极，走廊建设客观难度加大，孟中印缅经济走廊建设工作还停留在务虚层面。

2. 中缅经济走廊建设取得务实积极进展

2019 年以来，中缅经济走廊建设进入实质性推进阶段，中缅双方在高层次合作规划框架等重大共识指引基础上，在交通、能源、重点项目、跨境园区、边贸合作、人文交流等领域进展顺利，一些项目建设完工投产，收到良好效果。中缅经济走廊建设正从规划框架引领迈向实质建设阶段。目前中缅经济走廊在五个方面进展顺利，中缅经济走廊建设开局良好。

一是重大规划编制已经完成，高层次与地方间合作框架有序推进。2019 年以来，中缅政府间达成了一系列重大规划合作共识，为中缅经济走廊建设走深走实建立了坚实基础。云南省积极主动发挥辐射功能，滇缅经贸合作顺利进展，项目建设取得突破。2019 年 2 月，中缅经济走廊联委会第二次会议和第二届中缅经济走廊论坛在昆明召开，在此次会议上，中国国家发展和改革委员会与缅甸计划和财政部就中缅经济走廊合作规划等事宜进行磋商，并在 4 月召开的第二届"一带一路"国际合作高峰论坛期间达成系列共识，签署中缅经济走廊合作规划和中缅经济走廊早期收获项目清单。2019 年 9 月，中缅投资合作工作组会议在内比都举行，会议围绕编制中缅经贸合作五年规划展开，就港口、铁路、公路、电网等领域重大项目合作，加强资金融通，以发展合作带动民生改善，充分发挥滇缅合作潜力等议题进行了务实交流和深入探讨，达成了多项共识。2019 年 12 月，云南省发展和改革委员会牵头制定《云南参与中缅经济走廊建设实施方案（2019—2030 年）》，2019 年 11 月 22 日，第六届中国云南—缅甸合作论坛在缅甸内比都举行。双方参会部门（委）围绕互联互通、投资贸易、口岸通关、文化旅游、科教文卫、边境管理、金融、农业等共同关注的内容达成系列共识。2019 年 3 月，云南省与缅甸曼德勒省建立地方合作机制，在云南省发展和改革委员会及曼德勒省计划与财政部建立了常设办公室，并达成共识，每年举办一次中国云南—缅甸曼德勒地方合作工作组会议。2019 年 11 月 6 日，滇缅经贸合作论坛第八次会议在仰光举行。中缅双方与会代表分别从跨境贸易和物流、食品加工和农业、数字经济和信息技术三大方面展开深入讨论。

二是交通基础设施互联互通取得重大进展。2020 年 1 月初，云南大理至瑞丽铁路建设取得重大突破，重点难点控制性工程怒江特大桥顺利实现钢箱梁吊装合龙，标志着世界跨度最大的铁路四线钢桁拱桥主体工程建设完成。大瑞铁路全长 330 千米，是"一带一路"倡议下中缅经济走廊交通项目重要节点工程。大瑞铁路通车后，两地间行车时间将由现在公路运输的 6 小时缩短到 2 小时左右。受制于保山至瑞丽段高黎贡山隧道施工难度大建站缓慢，大瑞铁路全线贯通预计将在 2023 年。2019 年 9 月 24 日，中缅国际通道——云南大（理）临（沧）铁路澜沧江双线大桥顺利合龙，大临铁路建设取得重要进展。大临铁路建成通车后，临沧将结束没有铁路的历史，昆明至临沧仅需3小时左右，将极大地改善滇中和滇西区域综合交通运输体系，助力我国与周边国家互联互通。木姐—曼德勒铁路若按照计划开建，将成为缅甸首条国际铁路，建成后将推动中缅铁路联网，有力提升两国交通基础设施互联互通水平，有效促进两国货物贸易和人员往来。章凤—八莫公路拟按四级公路标准进行改扩建。章凤—八莫公路改建后将进一步助推中缅陆水联运水平提升。新滚弄大桥、曼德勒市政交通改造提升等项目进展顺利，此类关键节点交通设施项目完工，对于改善当地交通通达度，助力两国企业持续开展交通项目合作大有裨益。航空运输方面，昆明已开通至仰光、曼德勒、内比都航线，芒市开通了飞往曼德勒、仰光航线，成为云南省第四个航空口岸。

三是能源互联互通及电网等能源基础设施建设成效明显。中缅孟500千伏电力联网前期工作加紧推进。仰光达克镕燃气电站等一批重大基础设施建设项目有序推进。中缅（仰光）电力联网、仰光达克镕燃气电站等电力联网项目推进顺利。中国电建承建的缅甸皎喜燃气电站项目竣工，该项目是缅甸境内最大的内燃机发电项目，每年将产出12亿千瓦时清洁电力，解决270万缅甸民众用电问题。项目建成后有效地缓解了曼德勒地区电力紧张的局面，并能够将多余电力输送至缅甸其他地区，获得良好的社会评价。

四是经济合作区和走廊沿线重点园区建设快速推进。保山—曼德勒缪达经济贸易合作区规划总用地1 905亩，估算总投资30亿元，总建筑面积约60万平方米。先期实施项目采用中长期出口卖方信贷融资模式投资开发，向中国出口信用保险公司投保。保山—密支那经济开发区已开工建设，正就合作开发协议关注条款进行沟通协商。中缅猴桥—甘拜地跨境经济合作区建设进展顺利。密支那经济开发区和缪达经济贸易合作区均为云南省重点支持的境外园区，也都纳入中缅经济走廊早期收获项目。目前保山市正在加快推动境内保山工贸园区、腾冲边合区与密支那经济开发区、缪达经济贸易合作区开展园区合作，在产业互动、产品互通等方面加快优势互补，积极推进我国境内企业赴缅甸投资设厂，利用缅甸原产地出口待遇和当地劳动力价格优势开拓南亚、东南亚市场。

五是人文与教育、培训、减贫合作成效突出。疫情前缅甸仰光、曼德勒、内比都机场实施了落地签证办理，中国游客赴缅旅游人次不断上升。缅甸赴云南高校就读学生达到 5 990 人，近 8 000 名缅甸留学生在云南国民学校学习；云南先后组织 4 批光明行活动，为 1 000 余名缅甸白内障患者送去光明。中缅双方合拍了南方丝绸之路纪录片，共同举办了中缅情·合家欢春节联欢晚会、中缅胞波狂欢节等活动。在减贫合作方面，中缅两国签署了中国援助缅甸减贫示范合作项目实施协议，近年来，通过项目示范合作，在合作项目村实现了道路修建、饮水工程、神曲发展、学校教学、水稻种植等方面交流合作，我国政府提供超过 3 000 万元无偿援助资金，以"整村推进"方式帮助缅甸在农村公共服务、民生改善、能力建设等方面取得实际成效，促进了两国人民民心互通。中缅双方还在医疗健康、教育培训、跨境电子商务、农业等领域开展密切合作，均取得良好成效。

3. 云南面向孟印缅开放程度不断提高

云南地处东亚经济圈、东南亚经济圈和南亚经济圈的接合部，是中国连接南亚、东南亚的国际大通道。优越的区位以及多年沿边开放的努力和实践，为孟中印缅经济走廊建设奠定了一定的基础。

一是深厚的历史底蕴和民意基础。云南自古以来就是中国与南亚、东南亚毗邻地区商贸交往的通道和货物集散地。始于古代的南方丝绸之路、茶马古道、红河水道等延续了数千年的民间商贸往来。千百年来，云南与周边国家人民世世代代通过这些崎岖的山路和江河互通有无，友好情谊世代相传。云南有众多的跨境民族，与周边国家民族血脉相融、语言相通、风俗相近，使得云南与周边国家的合作增添了独特的人缘优势。

二是现代交通基础设施体系初步形成。近年来，云南不断深化交通运输对外合作，大力推进连接周边国家的立体交通网络建设，已基本建成东、中、西三个方向连接周边国家的公路、铁路、航空、水运立体通道综合交通运输体系。互联互通水平大大提高。

三是对外开放的平台和载体不断完善。云南省初步形成以滇中城市经济圈、滇中产业新区为腹地，以重点开发开放试验区、边（跨）境经济合作区、海关特殊监管区域、17 个国家一类口岸和 7 个二类口岸为前沿自由贸易试验区的开发开放平台体系。

二、推进孟中印缅经济走廊建设的重点方向与合作领域

孟中印缅四国幅员辽阔、人口众多、物产丰富，经济互补性强，合作潜力巨大。推进孟中印缅经济走廊建设要坚持"三共""五通"，以共商、共建、共享为原则，着力推动沿线政策沟通、设施联通、贸易畅通、资金融通、民心相通实施进程，探索更紧密合作新方式，尽早建成孟中印缅国际战略大通道，加强产业和园区深度合作，致力于打造孟中印缅命运共同体、利益共同体、责任共同体。鉴于当前印度对走廊建设态度不积极，应优先推动中缅经济走廊建设，着力推进中缅"人字形"大通道建设，支持缅甸化解国内政治困局，形成互利共赢的经济发展格局，未来在中缅经济走廊基础上进一步向孟印方向拓展合作。

（一）积极推进互联互通大通道建设

建设孟中印缅经济走廊，首要任务是加快基础设施互联互通。目前，孟中印缅地区的交通运输网络尚未完全畅通，普遍存在技术标准低、运力小、便利化程度低等问题，导致我国内陆广大地区与南亚各国间的交往只能舍近求远从东部沿海港口绕道马六甲海峡远行。经济走廊

建设以基础设施建设为中心,以加速资源和各种生产力要素通过跨国流动以达到最佳配置和获得较高利益为目标,通过四方协调推进,将极大地缩短区域内的交通、通信、电力、能源等基础设施配套衔接的建设进程,进一步加快制定并实施区域客货过境运输便利化协议,促进区域内贸易自由化,提高人流、物流通关效率。

加快我方通边公路、铁路等交通基础设施网络建设。积极推进公路、铁路、水运和机场建设,扩大交通网络规模,形成孟中印缅现代化综合交通网络。当前,应以我方通边公路、铁路等为重点,加快推进综合交通基础设施建设。公路方面,应加大力度推动由昆明出发,分别经瑞丽、腾冲猴桥口岸、临沧清水河口岸、孟连勐阿口岸、西双版纳打洛口岸至缅甸的几条通边公路建设,提升现有公路等级;铁路方面,应积极推进大理—瑞丽、大理—临沧—清水河铁路、保山—腾冲—猴桥等通边铁路建设。

尽早推动实施经济走廊建设早期收获项目。重点打造中缅伊洛瓦底江水陆联运通道;利用缅甸现有公路和铁路网络构建公铁联运陆路通道,重点推进保山—腾冲—猴桥—密支那—班哨—印度雷多、瑞丽木姐—缅甸腊戍—曼德勒—德木、临沧清水河—缅甸登尼—腊戍—曼德勒、普洱思茅区—孟连勐阿—缅甸邦康、景洪—打洛—缅甸小勐拉—景栋—东枝、瑞丽—曼德勒—皎漂等方向的运输通道建设;将与孟印缅电力合作纳入"十三五"国家及云南电力发展规划,以中缅电网互联互通为重点,加快区域输电网络建设,推进跨境输电及电网互联互通。

建成中缅"人字形"经济廊道。研究启动中缅"人字形"交通通道项目,建设从云南瑞丽、清水河至缅甸曼德勒,曼德勒至仰光,曼德勒至皎漂的公路、铁路、机场、口岸、港口等交通物流基础设施,将中缅经济走廊打造成立体化的综合交通走廊。依托"人字形"通道,重点建设昆明、大理、瑞丽、曼德勒、内比都、皎漂、仰光等节点城市,带动产业向"人字形"交通通道沿线集聚,形成中缅两国分工错位、产业互补、市场融合的现代产业体系和区域经济布局。

提升跨境陆路运输通道的服务能力。中缅陆水联运通道，投资少、见效快，可以以最少的投资，把现有的公路与缅甸的伊洛瓦底江相连，从北到南贯穿缅甸中部，直达仰光进入印度洋。推进澜沧江—湄公河航道整治，建设跨境内河运输通道，通过伊洛瓦底江航道能力建设提升，自北向南串联起缅甸全境，使伊洛瓦底江成为缅甸的交通大动脉和商贸大通道。规划建设由昆明经瑞丽至（缅）八莫进入伊洛瓦底江的公路、港口、航道，推进中缅伊洛瓦底江陆水联运。充分发挥丝绸之路经济带陆路交通和长江经济带水路交通优势，提升国际通道运输能力，构筑跨国立体综合交通网络和跨境交通运输体系。

建设空中航运体系。国内以打造昆明国家门户枢纽机场为重点，完善和建设西双版纳、丽江口岸机场，改建、扩建芒市、腾冲机场。新建缅甸皎漂国际机场，实现海陆空联运。以印度加尔各答、孟加拉国达卡、缅甸曼德勒和皎漂为重点的枢纽机场建设，提高中转率，发展立体综合交通运输体系。孟中印缅之间最大限度地相互开放航权，新开辟和加密国际航线，调整优化时刻、航班频率。发展与航空关联产业，主要发展航空运输、航空制造、通用航空、航空物流、航空餐饮、临空高科技等产业，形成高度聚集的综合性临空经济区域。

（二）推动投资贸易自由化便利化

建设边境合作区。建设瑞丽边境合作区，依托瑞丽市畹町口岸、弄岛，实施特殊"境内关外"政策，重点发展跨境贸易、流通加工、进口展示、跨境金融、旅游购物等产业。建设中老磨憨—磨丁跨境经济合作区，通过中老经济一体化特别经贸安排，推进中老（滇老）经济一体化，为其粮食等农产品提供市场，为中国产业向中南半岛腹地全境拓展和布局作出制度安排，助推老挝经济完成工业化，树立大湄公河次区域合作的样板，打造大湄公河次区域经济合作新高地。

加强口岸建设。着力提升对缅甸和印度洋方向的瑞丽—木姐、畹町—九谷、孟定清水河—缅甸清水河、腾冲猴桥—甘拜地、打洛—勐拉等口岸通关便利化水平。对孟连、沧源、南伞、章凤、盈江、片马、班哨、雷多、德木、莫雷等口岸进行改造,提高口岸通关便利化水平,整合和开发电子口岸通关应用项目,不断优化口岸监管作业流程,尽快适应"5+2,白加黑,全天候"通关模式。在检验检疫标准、海关制度、国际运输法律等方面形成一系列制度性安排,促进沿边口岸通关便利化。推进电子口岸建设,加快联网申报、联网核查、联网作业。

(三)深入推进产业合作

农业合作。坚持现代化方向,做好农业发展规划布局,促进农业规模化经营。加强在水稻、豆类、玉米等主要农作物的新品种培育、栽培技术、病虫害防治等方面的合作研究与技术交流,提升孟印缅农业生产综合管理技术水平和生产效率。以水稻为重点,充分利用我国杂交水稻的国际领先优势,大力开展优良品种试验示范和种植技术示范推广。支持国内加工企业或农业集团在沿线建立甘蔗、木薯、天然橡胶、棉花、黄麻等农产品收购、加工、仓储基地,构建农产品物流通道。充分发挥我国在农用拖拉机、联合收割机、脱粒机等中小型农机方面的成本和技术优势,重点开展农机装备合作,支持在沿线建立农机研发、生产基地,建设一批农机销售、培训和维修服务示范中心。推进节水型现代农业区建设,加大中低产田土地开发整治,实现资源高效利用。推进现代农业组织建设,推广农村电商,发展有机安全高效农业,推进"公司+农户+基地+电商"新的组织运营模式。加强在水资源利用保护及防洪减灾方面的合作,推动开展主要流域水资源、防洪、灌溉等规划编制、工程建设、人员培训和联合研究等合作。

能源合作。加强中缅双方在电力、电网等领域的合作,加强电力规划合作,加强高电压等级主网架及输配电网建设,提高电网输送能力和供电可靠性。重点推进水电、可再生能源发电等绿色能源重大项目建设,帮助沿线国家解决电力短缺问题。积极推进河流规划和重大项目前期工作，加快水电开发进程。推动中国南方电网、缅甸电网互联互通，与周边国家开展电价谈判，将电力出口作为缅甸重要支柱产业，使缅甸成为南亚、东南亚电力交易中心。推动油气资源开发合作，共同维护中缅油气管道安全运营，在皎漂和走廊沿线建设炼油厂和储油库，利用中方海上油气开发经验丰富、资本力量雄厚、技术优势明显的优势，中缅共同开展缅甸近海油气资源合作。

（四）推进国际合作园区建设

工业园区。①中国：以昆明为核心的滇中新区；以瑞丽、芒市城镇群为核心的瑞丽重点开发开放试验区；以孟定为核心的临沧边境经济合作区；以猴桥为核心的腾冲边境经济合作区。②孟加拉国：以达卡、纳拉扬甘杰、坚德布尔城镇群为核心的 Munshigan 出口加工区；以吉大港为核心的费尼出口加工区；出口加工区（EPZ）：加济布尔、蒙格拉港、依苏瓦迪、考米拉、赛义德布尔。③印度：以加尔各答港市为首的呼格利河沿岸制造业城镇群工业区；以锡尔杰尔、卡仁甘杰、英帕尔、艾藻尔城镇群为核心的工业区；以迪布鲁格尔、迪格博伊、纳姆鲁普城镇群为核心的工业区；比哈尔邦焦达纳格布尔工业区。④缅甸：以曼德勒、眉缪、蒙育瓦、实皆城镇群为核心的经济特区；以仰光、壁磅、勃固、毛淡棉城镇群为核心的迪洛瓦经济特区、土瓦经济特区；以皎漂、实兑、马圭城镇群为核心的皎漂经济特区。

农业合作园区。在孟中印缅经济走廊产业合作中农业处于重要地位，孟加拉国、印度东北部、缅甸等国家的相关地区农业是主要产业，其中缅甸境内伊洛瓦底江—锡唐河三角洲属于世界前列的稻米生产出口基地，孟加拉国和印度东北部是黄麻、茶叶、黑胡椒、橡胶等热带作物的重要生产地，中国云南省以特色农业为主。重点推进以下农业园区：①孟加拉国：科克斯巴扎尔、吉大港、达卡等地建设果蔬、粮食、水产养殖、黄麻等农业科技示范园区。②中国：保山、芒市、临沧、普洱、西双版纳等地建设果蔬、茶叶等农业特色园区。③印度：英帕尔、古瓦哈蒂、锡尔杰尔、阿加尔塔拉、加尔各答等地建设粮食种植、茶叶等特色农业园区。④缅甸：木姐、曼德勒、实皆、马圭、仰光、毛淡棉等地建设粮食、畜牧水产养殖、橡胶等农业科技示范园区。

商贸物流园区。①孟加拉国：科克斯巴扎尔物流园区、吉大港物流园区、坚德布尔物流园区、锡尔赫特商贸物流园区、达卡国际物流园区、锡拉杰甘杰物流园区。②中国：昆明国际陆港、瑞丽国际陆港、弄岛物流园区、孟定物流园区、景洪物流园区、猴桥物流园区、大理物流园区。③印度：英帕尔物流园区、加尔各答国际物流基地、迪布鲁格尔物流园区、西里古里物流园区、古瓦哈蒂商贸物流园区、大吉岭商贸物流园区。④缅甸：八莫港口物流园区、曼德勒国际陆港、马圭物流园区、皎漂港口物流园区、实兑港口物流园区、仰光国际物流园区、德穆商贸物流园区、密支那商贸物流园区、苗瓦底国际物流园区。

跨境及边境经济合作区。①中缅：瑞丽—木姐跨境经济合作区、临沧边境经济合作区、腾冲（猴桥）边境经济合作区、孟连（勐阿）边境经济合作区、泸水（片马）边境经济合作区、勐海（打洛）边境经济合作区。②缅中：中缅皎漂经济技术开发区、中缅密支那经济合作区、中缅曼德勒现代农业合作示范园区。③缅孟：孟都—特格纳夫经济区。④缅印：德穆—因帕尔经济区。⑤孟印：贝纳波尔（Benapole）—佩特拉波尔（Petrapole）经济区。

矿产能源合作园区。推动四国积极开展矿产、电力、石油、天然气及其清洁能源开发合作。①孟加拉国：帕特纳（Patenga）风力发电站、天然气开发合作。②印度：比哈尔邦矿产开发、阿萨姆邦石油天然气煤炭生产。③缅甸：天然气开发、近海油气开发，蒙育瓦铜矿，伊洛瓦底江、萨尔温江、钦敦江流域水能资源开发，如密松电站等。

科技示范园区。开展孟中印缅科技伙伴计划，在农业、减灾防灾、水资源、传统医药、空间、人力资源开发、联合实验室等领域合作。①孟加拉国：磷化工技术合作、化肥生产技术合作、紫胶虫养殖技术合作、远程医疗网络技术、黄麻技术合作园区。②中国：昆明高新技术开发区。③印度：西孟加拉邦软件科技园。④缅甸：农林产品开发、矿产勘探开发类科技园区。

（五）积极开展生态合作

加强生态环境保护合作，提升区域生态保护水平和可持续发展能力，是孟中印缅地区合作的重要内容，这与我国在新时期倡导绿色发展，推进生态文明建设的要求也是高度一致的。应根据孟加拉国、印度、缅甸三国对环境保护相关问题的关切和不同的合作诉求，积极推进生态保护合作，共同建设区域生态走廊。

近年来，在孟中印缅地区合作论坛框架下，区域各国日益重视加强生态环保领域的合作。在 2011 年 1 月于昆明召开的孟中印缅地区经济合作论坛第九次会议上，孟中印缅四国就应对气候变化以及合理利用水资源等领域的交流合作达成了共识。在 2012 年 2 月于加尔各答举行的孟中印缅地区经济合作论坛第十次会议上，四方就地区环境保护合作和水资源合作进行了探讨，会议指出，气候变化是一个重要的全球性问题。与会者赞同需要共同努力保护环境。与会者还同意需要确保对共有水资源的最优化利用，并且建议可组成一支学术层面的联合工作组投入工作。

根据孟印缅三国的自然环境状况和相关关切，四国可以在业已达成共识的基础上，在孟中印缅地区合作框架下继续开展水资源合作对话、气候变化、风力和太阳能应用以及重大建设项目环境保护研究等领域合作。在推进经济走廊建设的同时，不断深化环保合作和沿线生态文明建设，提升区域可持续发展能力，共同打造南亚区域生态走廊。

可重点在以下方面开展合作：一是推进与孟加拉国在地震预测技术合作、防震减灾技术合作、水资源开发技术等领域的合作，加强孙德尔本斯（Sundarbans）国家公园生态保护方面的合作。二是与印度开展与辛戈里拉国家公园（Singalila National Park）、乔尔达帕拉野生动植物保护区（Jaldapara Wildlife Sanctuary）建设相关的合作。三是与缅甸开展地震预测、防灾减灾、卫星通信、水资源开发，以及妙萨玛尼野象自然保护区、胡冈谷地野生动植物保护区建设等方面的合作。

三、对策与实施建议

（一）妥善处理好中印关系

处理好"一带一路"框架下的中印关系要明确长期战略和短期策略。从长期来看，必须重视印度在"一带一路"中的战略地位，印度地处要冲，直接关系到中巴、孟中印缅、21世纪海上丝绸之路三大走廊能否建成，"一带一路"建设绕不开印度，也不能缺少印度，必须树立"一带一路"框架下中印合作的主基调，在合作的大背景下，双方具体的关切和分歧可以沟通解决，但合作的大方向不能改变。

要处理好中印巴、中美印、中日印、中俄印、中印—东盟等几个大三角关系。当前，中印关系不是简单的双边关系，涉及中印巴、中美印、中日印等几个国际关系的大三角格局，如何处理好这些复杂的关系将彰显中国智慧。总体上要坚持平衡原则，不拉帮、不站队，最大限度地掌握外交的灵活度和主动权。对于涉及印巴之间的敏感议题，要推动两国以双边沟通对话解决问题，中国多作居中调解者。对于中国、美国、日本、印度四方关系，要看到美日在其中的主导作用，印度只是战略跟随，并非一心一意要投靠美日怀抱，要通过积极改善中印关系、推动中印合作，破解美日印同盟，增强中国对美日的战略博弈能力。对于印度与俄罗斯、东盟之间的合作，要乐见其成，积极推动"一带一路"与其合作对接，形成合力。

要增强中印战略互信，主动创造推动印度再次参与"一带一路"的有利条件。从历史的长周期来看，中印关系是在波折中前进的，有时密切，有时因历史因素和突发事件而使两国关系跌入低谷，但不能因一些具体领域存在分歧就否定两国合作的根本大局，不能因一时关系转冷就否定中印关系的长期建设和发展。中印是世界上人口最多的两个大国，共同利益远远大于矛盾和分歧。当前中国应努力做好中印两国的战略互信工作，要进一步密切中印两国沟通交流，建立以两国元首外交为引领，政府各部门、地方政府、企业、媒体、智库等多层次、多元化沟通机制。对于事关两国重大关切的关键问题，要通过对话、沟通、协调、谈判来解决问题。对于可能引发对方战略疑虑的安排和事件，要多做工作，阐信释疑。要明确中印双方的合作对于维护两国利益、维护地区稳定均具有重要意义，不能轻易受域外国家挑唆，随意转变立场。要放弃狭隘的地缘观、利益观、民族观，中印应共同作为发展中国家的代言人，在全球竞争博弈中为广大发展中国家谋取权益，彰显大国担当。

要继续推动中印两国重大发展战略和规划的对接。中国和印度都肩负着改善本国十几亿民众生活水平的责任和使命，都具有发展本国经济的迫切愿望，应该携起手来。目前，印度和中国各自提出了一些重大发展战略和经济振兴计划，这些战略并不是矛盾和竞争的，具有广泛的相似点和公约数，应该推动这些计划相互对接。双方应积极推动"一带一路"和"季风计划""香料之路""向东行动"对接，从东西两端打通东亚、东南亚、南亚的陆海大通道，使印度洋成为像太平洋一样能容下多个大国的宽阔海洋。推动"印度制造""数字印度""创业印度"与"中国制造2025""互联网＋""双创"战略对接，在先进制造、数字经济领域共同迈向全球产业链高端。推动印度五大工业走廊战略、萨珂尔玛拉计划同中国企业"走出去"、国际产能合作战略对接，推动中国劳动密集型产业、基础设施建设能力向印度转移，为印度经济增长提供动力。

（二）完善孟中印缅经济走廊的四大机制建设

一是建立四国合作对话机制。巩固和发展《曼谷协定》、中国—东盟自由贸易区、GMS 合作、RECP 关系等既有贸易制度安排。探索筹建

"昆明合作组织",形成孟中印缅地区的新型国家合作机制。将孟中印缅经济走廊互联互通建设列入政府高层互访、对话内容,进一步加强与孟加拉国、印度、缅甸的磋商,推动四国政府尽快签署孟中印缅经济走廊互联互通建设框架文件。建议定期举办孟中印缅四方领导人峰会,形成四国领导人会晤机制,对孟中印缅经济走廊建设和区域内重大问题进行协商。

二是建立规划和重大项目对接机制。尽早启动经济走廊建设中长期规划编制前期工作,建议四国分别成立公路、铁路、航空、港口、通信、教育、文化等专题研究小组,联合开展孟中印缅经济走廊互联互通建设中长期规划研究编制工作,及时为孟中印缅四国政府提出有针对性、具有可操作性的对策建议。对于共识度高、影响大、带动力强、经济社会示范效应显著的重大项目,建立包括四国在内的重大项目建设指导小组、项目评估小组,统筹协调推进项目落地。

三是建立基础设施互联互通的投融资机制。孟中印缅经济走廊的重大项目争取亚洲基础设施投资银行、金砖国家银行、丝路基金等金融机构的资金支持。研究发行面向国内外金融市场的"孟中印缅重大项目建设专项债券"。探索实施"资源换基础设施联通",实现"资源 + 基础设施"捆绑开发。推广 PPP 投融资方式,鼓励四国民间资本、域外国际资本积极参与域内基础设施互联互通建设。设立"孟中印缅经济走廊建设合作基金",为孟中印缅基础设施互联互通提供资金支持。

四是建立四国争端协商解决机制。建议建立四国国家层面的联席会议制度,加强四国协调联动,对走廊建设过程中遇到的困难和问题充分协商。云南省与四国所属省和邦建立省级协商机制,对建设的具体问题充分沟通。建立四国贸易争端仲裁机构,按较 WTO 更加自由化的贸易标准实行仲裁。

(三)抓好中缅经济走廊重点工程建设

引导企业集中优势力量,攻坚克难,高效保质地完成在缅典范工程项目，明确重点项目深层战略目标，树立业内标杆，提振信心，让群众切身感受到中缅经济走廊带来的福利，实现中缅两国互惠共赢。加快木姐—曼德勒铁路推进工作，继续积极做缅甸政府部门工作。同时，要加紧推进中缅经济走廊"人字形"通道建设，推动缅甸政府部门积极考量建设昆明至内比都、仰光，昆明至皎漂段铁路。通过加快政府间合作率先形成通道建设的大框架、大方案，逐步争取缅甸社会舆论支持。加快推进达克韬燃气电站二期项目建设，加快仰光地区电网建设，争取使我国电力标准在缅甸大城市和重点地区优先实施，形成示范效应。加快我国南方电网与缅甸电网互联，缅甸当前电力缺口达到50%以上，电力供应严重短缺，同时境内水电开发陷入停滞。应从电网互联互通利多双方的角度，着重分析电网互联对缅甸电网建设的重大意义，对推进缅甸经济建设的重大意义，推动缅甸政府部门积极考虑推动电网互联互通建设。此外，密松电站项目早日恢复开工也应提上议事日程。继续加快推进皎漂特区项目建设，通过具体项目合作尽快形成合作成效，重点在民生基础设施和惠民方面推动一些项目落地，以就业、税收等硬指标回击不实污蔑，为皎漂深水港区建设和工业园区建设形成良好的舆论环境。

（四）全方位推进公共外交

一是要加强四国智库交流。我国智库应积极与其他三国智库开展交流合作，以智库"二轨"对话促四国政府"一轨"合作。针对三国智库研发经费紧缺的问题，鼓励四国地方智库交流合作，形成国家级智库、地方智库共同与三国智库常态化的合作机制，通过智库形成对社会舆论的引导力和牵引力。

二是发挥新闻媒体的宣传作用。鼓励国内媒体"走出去"，与孟加拉国、印度、缅甸等境外媒体积极加强沟通，打造有利于四国合作的舆论环境，突出孟中印缅经济走廊和基础设施互联互通带来的正面影响。建立涉华项目舆情跟踪机制，加强与当地民众和媒体的沟通，及时化解疑虑和不满，积极应对西方媒体对我国的随意抹黑，反击无端指责。

三是积极利用对外援助争取民心。利用援外资金引导各方力量参与实施四国民生项目，帮助当地人修建学校、医院和道路等大部分人能够受益的公共基础设施，使当地民众感受到实惠，扩大经济走廊的民意基础和国际影响力。借鉴国外成熟有效的民间组织公益援助等方式，将一定比例的援助资金和项目以公开透明的方式，交由国内外专业民间组织承办。中方项目要更加重视缅甸的民生和发展。

四是进一步加大民间交流。推动我国非官方机构与孟印缅三国民间组织友好交往，构建有利于促进民心相通的环境。进一步鼓励支持商会和企业尽快建立和完善民间交流合作机制，推动政府、商界、学界的协同和联动。进一步简化审批手续，方便民间文化交流和出国旅游。每年在四国轮流举办"孟中印缅文化交流高峰论坛"，共同探讨多边文化发展规划、文化项目合作、文化交流活动等议题。

参考文献

［1］FRANÇOIS DE SOYRES, ALEN MULABDIC, SIOBHAN MUR-RAY, NADIA ROCHA, MICHELE RUTA. How much will the belt and road initiative reduce trade costs? WORLD BANK Policy Research Working Paper 8614,Development Research Group, October 2018. https：//www. federalre-serve. gov/econres/ifdp/files/ifdp1274. pdf.

［2］FRANÇOIS DE SOYRES. The growth and welfare effects of the belt and road initiative on east asia pacific countries. WORLD BANK GROUP, October 2018. https：//documents1. worldbank. org/curated/en/ 896581540306960489/pdf/131211 – Bri – MTI – Practice – Note – 4. pdf.

［3］MAGGIE XIAOYANG CHEN, CHUANHAO LIN. Foreign investment across the belt and road patterns, determinants and effects. WORLD BANK Poli-cy Research Working Paper 8607,October 2018. https：//documents. worldbank. org/en/publication/documents – reports/documentdetail/394671539175518256/ foreign – investment – across – the – belt – and – road – patterns – determinants – and – effects.

［4］金微微. "一带一路"背景下内蒙古参与中蒙俄经济走廊建设的现状及前景探析［J］. 中国市场. 2018(21):41 – 42,44.

［5］黄凤志. 对中蒙俄经济走廊建设的战略分析［J］. 人民论坛·学

术前沿,2016(13).

[6]李阳.中蒙俄经济走廊基础设施建设路径研究[J].北方经济,2019(8).

[7]毕吉耀.推动中蒙俄经济走廊高质量发展[J].北方经济,2019(9).

[8]国务院新闻办公室.建设中蒙俄经济走廊规划纲要[EB/OL].ht-tp://world.people.com.cn/n1/2017/0309/c411452-29134333.html.2016年9月14日

[9]王启颖."中蒙俄经济走廊"建设中内蒙古与蒙俄文化交流研究[J].实践(思想理论版),2018(6).

[10]刘晓宇,周学明.浅析"一带一路"背景下中蒙俄经济走廊的发展[J].全国流通经济,2020(7).

[11]汤晓丹.中蒙俄经济合作走廊建设的现状及前景分析[J].对外经贸实务,2017(6).

[12]项义军,翟今.中蒙俄经济走廊战略的现实基础分析[J].北方经贸,2017(1).

[13]朴键一.中蒙俄三国互联互通的建设与合作[J].当代世界,2016(3).

[14]李新.中俄蒙经济走廊助推东北亚区域经济合作[J].俄罗斯东欧中亚研究,2015(4).

[15]王厚双,朱奕绮.中蒙俄建设"中蒙俄经济走廊"的战略价值取向比较研究[J].北方经济,2015(9).

[16]董锁成,等.中蒙俄经济走廊交通及管线建设涉及哪些生态风险区,该如何应对?[J].中国科学院院刊,2021(2).

[17]王海运.合作共建"中蒙俄经济走廊":深化战略价值认知,找准重点着力方向[J].俄罗斯学刊,2017(6).

[18]秦放鸣,冀晓刚.丝绸之路经济带建设与欧亚经济联盟对接合

作研究[J].俄罗斯东欧中亚研究,2015(4).

[19]曹凤军.哈·麦金德陆权理论的发展与实践[J].军事历史,2013(4).

[20]唐廷凤,范琳琳,杨攻研."一带一路"背景下中国与中东欧投资合作的典型特征、风险及对策[J].欧亚经济,2021(3).

[21]韩萌.新形势下深化中国—中东欧国家贸易合作的政策选择[J].欧亚经济,2020(6).

[22]杨久成,李小鹿,汪洋.白俄罗斯政治危机的轨迹、缘由与走向[J].国际研究参考,2021(1).

[23][美]兹比格纽·布热津斯基.大棋局[M].上海:上海人民出版社,2007.

[24]赵会荣.比较视野下欧亚地区国家政治经济的特点及影响因素[J].欧亚经济,2021(4).

[25]孔田平.中东欧经济转轨30年:制度变迁与转轨实绩[J].欧亚经济,2019(3).

[26]郭晓琼.中俄金融合作的最新进展及存在的问题[J].欧亚经济,2017(4).

[27]郭晓琼,蔡真.新时代中俄金融合作:问题与对策——基于虚拟经济过度膨胀的风控视角[J].银行家,2021(5).

[28]习近平.努力推动共建"一带一路"走深走实——在推进"一带一路"建设工作5周年座谈会上的讲话[EB/OL].http://www.gov.cn/xinwen/2018-08/27/content_5316913.htm.中华人民共和国中央人民政府网.2018-08-27.

[29]习近平在第二届"一带一路"国际合作高峰论坛开幕式上的主旨演讲[EB/OL].http://www.xinhuanet.com/politics/2019-04/26/c_1124420187.htm.新华网.2019-04-26

[30]曾培炎.推动"一带一路"走深走实、行稳致远[EB/OL].http://

www. nopss. gov. cn/n1/2019/0429/c405352 - 31056256. html. 光明日报2019 - 4 - 26.

[31]中共中央党史和文献研究院.习近平谈“一带一路”[M].北京:中央文献出版社出版,2018.

[32]中国国际经济交流中心.“一带一路”:倡议与构想——“一带一路”重大倡议总体构想研究[M].北京:中国经济出版社,2019.

[33]中国国际经济交流中心.“一带一路”:愿景与行动——“一带一路”视角下的重点领域与布局[M].北京:中国经济出版社,2019.

[34]中国国际经济交流中心.“一带一路”:合作与互鉴——“一带一路”视角下的国际地缘关系[M].北京:中国经济出版社,2019.

[35]黄晓燕,秦放鸣.中国—中亚—西亚经济走廊建设:基础、挑战与路径[J].改革与战略,2018(1).

[36]金良祥.从平衡到整合.拜登政府兼顾亚太和中东的战略展望[J].西亚非洲,2021(4).

[37]姜英梅.中东国家基础设施建设与“一带一路”合作前景[J].阿拉伯世界研究,2019(3).

[38]来有为.中国—中亚—西亚经济走廊建设取得的进展及推进对策[J].发展研究,2019(4).

[39]汪泰,陈俊华.中国—中亚—西亚经济走廊贸易投资便利化水平研究[J].世界地理研究,2020(9).

[40]肖斌.数字经济在中亚国家的发展:基于产业环境的分析[J].欧亚经济,2020(2).

[41]杨恕,王术森.中亚与西亚地缘经济联系分析[J].兰州大学学报(社会科学版),2018(1).

[42]陈文玲.中国与世界:以中国视角解析国际问题[M].北京:中国经济出版社,2016.

[43]李锋.“一带一路”建设的前景展望[J].中国财政,2017(12).

［44］习近平.构建全球互联互通伙伴关系——2019年第二届"一带一路"国际合作高峰论坛上的讲话［N］.人民日报,2019－04－26.

［45］曾培炎."一带一路":全球共同需要 人类共同梦想［J］.求是,2015(5).

［46］中国国际经济交流中心."一带一路":倡议与构想——"一带一路"重大倡议总体构想研究［M］.北京:中国经济出版社,2019.

［47］中国国际经济交流中心."一带一路":愿景与行动——"一带一路"视角下的重点领域与布局［M］.北京:中国经济出版社,2019.

［48］中国国际经济交流中心."一带一路":合作与互鉴——"一带一路"视角下的国际地缘关系［M］.北京:中国经济出版社,2019.

［49］中共中央党史和文献研究院.习近平谈"一带一路"［M］.北京:中央文献出版社出版,2018.

［50］颜少君.中巴经济走廊高质量发展研究［J］.全球化,2021(3):110－120.

［51］吕佳.全球新冠疫情下中巴经济走廊建设进入新阶段的研究［J］.当代经济,2020(9):12－18.

［52］金戈.中巴经济走廊研究［D］.长沙:湖南师范大学,2018.

［53］张元.巴基斯坦俾路支分离主义的国际干预探析［J］.南亚研究季刊,2019(1):80－87.

［54］李芳芳,王璐璐,高素梅,周子学."一带一路"国家工业和信息化发展指数报告［J］.产业经济评论,2017,9(5):118－124.

［55］陈文玲,梅冠群,张瑾.作为旗舰项目的中巴经济走廊建设仍存在值得重视的深层次矛盾和问题——国经中心"一带一路"课题组赴巴基斯坦调研报告［R］.研究报告,2018－12－27.

［56］王云磊.中巴经济走廊建设探析［D］.沈阳:辽宁大学,2019.

［57］曹忠祥.中巴经济走廊建设的经验与启示［J］.中国经贸导刊,2019(10下):23－25.

[58]刘长敏,焦健."印太"视域下中巴经济走廊建设:背景、内涵与影响[J].新疆社会科学,2020(1):69-78.

[59]刘勇,姜彦杨."一带一路"视阈下中巴经济走廊的地缘风险及其应对[J].经济纵横,2019(12):122-127.

[60]林民旺.中巴经济走廊将倒逼印度与中国合作[J].中国外资,2015(6):26-27.

[61]范毓婷,刘卫东,王世达."中巴经济走廊"背景下中巴跨境合作需求及风险研究[J].工业经济论坛,2016(6):617-625.

[62]法斯赫.乌丁.巴基斯坦经济发展历程:需要新的范式[M].陈继东,等.成都:四川出版集团巴蜀书社,2010.

[63]张耀铭.中巴经济走廊建设:成果、风险与对策[J].西北大学学报(哲学社会科学版),2019(4):14-21.

[64]刘长敏,焦健."印太"视域下中巴经济走廊建设:背景、内涵与影响[J].新疆社会科学(汉文版),2020(1)69-78.